민원아, 꿩알 주우러 가자

민원아,
꿩알 주우러 가자

1판 1쇄 발행 2025년 11월 22일
글쓴이 이희출
그린이 이운구
펴낸곳 도서출판 가야
주소 충남 서산시 연당1로 3-6
전화 041-667-6400 | **팩스** 041-667-7458
전자우편 printgaya@hanmail.net
등록 제 13-05-11-34호
ISBN 978-89-91225-07-7 03810

* 이 책에 실린 글의 권리는 저자에게 있습니다.
* 이 책 내용의 전부 또는 일부를 재사용하려면 반드시
  저작권자의 동의를 받아야 합니다.

민원아, 꿩알 주우러 가자

민원이가 갑자기 "악"하고 소리 지르더니 | "야, 이거 내 꺼여. 근딜지 마." 이러는 게 아닌가.

이희출 에세이

도서출판 가야

책머리에

잃어버리고 나서야 비로소 소중함을 깨닫고 흐트러진 의식을 그러모을 때가 종종 있다. 그 가운데 1980년대 초 현대건설의 간척사업으로 사라진, 내 고향 바다 적돌만(積乭灣)이 가장 선연하다. 적돌만은 천수만(淺水灣)의 한 갈래인 내만(內灣)으로 서산과 태안 사이에 드넓게 펼쳐진 바다다. 그 가운데에는 물에 뜬 것처럼 보이는 작은 돌섬이 있다. '거문여'라고 부르는 그 돌섬에 깃든 유래 때문에 우리 고장 지명도 부석면(浮石面)이 되었다. 하지만 더 이상 바닷물이 닿지 않는 그 돌섬은 오랜 세월에 육지로 변해가고, 이름만 덩그러니 남았다.

고향을 떠나 분망한 도시에서 살다가도 내 의식은 종종 그곳을 바라보고 있었다. 어떨 때는 아예 그곳으로 들어가 있기도 했다. 태어나 고등학교 때까지 몸과 마음을 담그고 살았던 곳이기 때문일 것이다. 드넓은 바닷가를 에두른 백사장은 오른쪽 마을인 갈마리를 휘돌아 우리 마을인 한머리(대두리)를 지나 왼쪽 마을 봉락리까지 이어지며 아스라하게 빛났다. 봉락리와 경계를 이루는 곳에는 바다로 튀어나온 절벽이 있었다. 그 아래 돌이 떨어져 소담스럽게 쌓인 곳을 '돌몽지'라고 불렀다. 고즈넉한 날 오후, 그 돌몽지에 밀물이 밀려와 덮이던 풍경을 떠올리면 아련한 그리움에 마음이 물큰 젖는다.

문명(文明)의 위도(緯度)가 어슷비슷했던 사람들을 만나서 이야기를 나눌 때가 있다. 그때마다 나 못지않게 그곳에 대한 그리움을 품고 있다는 걸 확인하며 놀란다. 금세 친밀한 정서적 연대가 만들어지는 경험을 한다. 비슷한 자연환경 속에 담겨 살던 기억을 '공통의 언어'로 소통한다는 것은, 함께 살도록 숙명 지워진 우리에게 있어 무엇보다도 중요한 실체라 생각한다.

하지만 이대로 몇 년이 흐른다면 풍요로웠던 기억들은 점점 희미해지고, 머지않아 그 기억마저도 가뭇없이 사라질지도 모른다. 이에 글의 투망으로 그 풍경의 기억을 건져내어 갈무리하는 이른바 '문화 기록'은 이 시점에 있어 매우 중요한 과제라는 생각이 든다. 이는 고향의 원형을 회복하겠다는 소망과 의지를 키워나갈 수 있는 근거와 에너지가 될 것이기 때문이다.

두 아이가 어렸을 때 부모님이 있는 고향 집을 함께 자주 찾아가곤 했다. 집에 거의 다다르게 되면 서쪽으로 탁 트인 벌판이 나타난다. 그럴 때 거의 습관적으로 아이들에게 이렇게 말하곤 했다. "저곳은 예전에는 바다였다. 너희만 할 때 저기에 들어가 조개와 게를 많이 잡았다." 쓸쓸한 회상과 자랑이 섞인 말이었다. 어느 날 큰 녀석이 나를 빤히 바라보더니 이렇게 말했다. "지금 바다였으면 아빠랑 저기에 가서 돌을 들춰 게도 잡고 조개도 주우면 얼마나 재미있을까!" 아끼던 물건을 잃어버린 듯 아쉬움이 뚝뚝 떨어지는 듯한 표정이었다. 순간 나는 마음이 콱 메어 다음 말을 이어가지 못했다. 그날 이후 저 바다를 경험하지 못한 아이에게 그곳이 얼마나 신기하고 풍요로운 곳이었는지 알려주고 싶었다. 그러다 보니 내 아이뿐만 아니라 아들 세대에게 알려주고 싶다는 생각으로 퍼져나갔다. 모쪼록 이 글과 그림이 그들과 소통하는 다리가 되기를 바라는 마음 가득하다. 그들이 이 글을 읽고 이렇게 질문하기를 바란다. 그렇게 아름답고 신기했던 곳이 정말 있었느냐고. 우리도 거기에 들어가 맘껏 돌아다닐 수 있는데, 왜 저렇게 쓸쓸하게 변해버렸느냐고. 저 둑을 터서 다시 바닷물이 들어오게 하는 방법은 없느냐고.

어린 시절을 한 동네에서 살았던 선배 이운구 화가는 나 못지않게 사라지고 뒤틀어진 고향의 모습에 가슴 아파한다. 이 글에 이운구 화가의 공감과 참여가 없었다면, 부족한 이 글들은 아직도 세상에 나오기를 주저하고 있을지도 모른다. 바쁜 일상 가운데서도 응원을 보내며 허술한 글의 트임새를 메워주신 현종갑, 신성원 선생님과 시인 이혜숙 님, 남충희 선배, 고향 친구 방동민에게 감사드린다. 오랜 세월이 지나 흐릿해진 기억을 선명하게 환기시켜 준 고향 선배 이중로 형과, 산란한 마음 다독이며 응원해 준 북카페 '지상의 양식'과 서임숙 사장님께도 고마운 마음 가득하다. 또한 둘러보고 싶은 집처럼 아름답게 책을 만들어 준, 도서출판 가야의 유병인 대표님과 김은숙 실장님에게도 고마운 마음 전한다.

이 글에 녹아 있는 의미들이 발효되고 숙성되어 남은 내 생애의 또렷한 푯대가 되기를 기대한다. 무엇보다 내가 져야 할 짐을 대신 지게 했거나 마음에 굵은 빗금을 그어 상처를 입힌, 세상을 떠난 이들과 이 지상에 더불어 살고 있는 이들에게 용서와 연대를 요청하는 손길이기를 간절히 소망한다.

차례 　민　원　아　,　꿩　알　주　우　러　　가　자

책머리에

제1부 /
그리운 고향 바다

찰박 _ 013
몰치 떼 _ 020
화래질 _ 026
거문여 근처에서 _ 033
적돌만에서의 추억 _ 038
갯벌이 건네준 선물 _ 044
살집과 물사람 이야기 _ 049

제2부 /
마음에 새겨진 유년의 풍경

우리가 사랑한 야생의 풀밭과 산야 _ 057
고소한 돌 소리 _ 065
꿩 잡던 사람 _ 070
민원아, 꿩알 주우러 가자 _ 076
가뭄과 아버지 _ 082
천신(薦新) _ 088
하얀 무덤 속의 생명 _ 095
배급 건빵 _ 101
희망가에 대하여 _ 107

제3부 /
연리지가 된 사람들

황발이와 큰어머니 _ 115
옴마의 예비 장례식 _ 121
무릎 꿇은 암소 _ 127
그해 폭탄은 해체되다 _ 134
우리 동네 어떤 형 _ 141
내 나이가 어때서 _ 148
부처님 오신 날의 단상 _ 154

제4부 /
소리 나는 곳에서

매미 소리 _ 161
서산 8경 _ 167
반딧불이 _ 173
탑새기와 가로림만 _ 178
가로림만이 보낸 편지 _ 183
아이들과 갯벌에서 _ 185
천수만 독수리 먹이 나누기 _ 195

글을 맺으며
거북이의 아들, 호연이에게 _ 203

1부 — 그리운 고향 바다

찰박

"어, 그놈들 참 탐지다."
"오늘 새벽 배에서 떼 온 생물유."
"한 마리에 얼마래유?"
"생것 한 마리에 4만 원만 주유."
"왜 이리 비싸대유?"
"어제는 더 비쌌슈."

옻 순을 따놓았으니 가져가라는 시골 부모님의 전화를 받고 무엇을 사갈까 생각하다 우리 고장에서 '찰박'이라고 부르는 갑오징어를 두어 마리 사 가기로 마음먹고, 해산물을 전문으로 판매하는 서산 동부시장으로 갔다. 이곳은 언제나 살아 있는 갖가지 해산물이 퍼덕이고 찾아오는 사람들로 붐빈다. 마치 노란 깃발을 휘날리며 포구에 만선이 들어온 듯 활기가 넘쳐난다.

5월은 서해안에서 갑오징어가 나오기 시작하는 시기다. 등 속에 단단한 하얀 뼈가 갑판처럼 들어 있어 갑오징어라고 부른다. 몸통이 홀쭉하고 길쭉한 보통 오징어와는 달리 몸집이 두툼하고 넓적하다. 그런데 이 갑오징어는 사시사철 내내 잡히지는 않는다. 초여름 모내기할 때쯤 시작해서 두 달 정도 잡히다 그 후로는 나오지 않는다. 세계적인 어류의 산란장이라고 평가받던 천수만이 간척되기 전에는 이 갑오징어가 그리 비싼 해산물이 아니었다. 그런데 지금은 처음 나올 때는 한 마리 가격이 오만 원이 넘을 때도 있다. 바다가 있던 시절에 풍요를 맛본 이 고장 사람들은, 그 향수가 되살아나는지 비싸도 사 먹는다. 하지만 두 주 정도 지나면 물량이 많아져 값이 절반 이하로 떨어진다. 살아 있는 녀석들은 바로 썰어 회로 먹는다. 죽은 녀석들은 데쳐서 먹는다. 막걸리나 소주 안주로 제격인데, 살이 두껍고 고소한 맛이 진하다.

 장정의 두 손바닥을 붙인 크기만 한 갑오징어들이 커다란 함지박마다 그들먹하게 담겨 있다. 마치 경기장으로 올라와 두 발을 구르는 유도선수처럼 씨억씨억한 몸짓으로 헤엄치다가 가끔씩 시커먼 먹물도 내뿜으며 자신을 증명한다. 이 활기차고 풍요로운 풍경을 바라보다 보니, 고향 바다 천수만에서 누렸던 기억 하나가 깊은 바다 속에서 숨 쉬러 수면으로 올라오는 고래처럼 떠오른다.

 우리 집은 갯벌과 얼마 떨어지지 않은 곳에 있었다. 어느 날 학교에서 돌아온 내게 아버지는 끈이 달린 빈 대바구니 하나를 건네준다. 머뭇거리는 내게 해변 백사장을 쭉 한 번 돌아보고 오라면서 달래는 듯이 권한다. 살가운 엄마와는 달리 무뚝뚝한 아버지는 늘 어렵게 여기고 있는 터라, 웃음기마저 띤 듯한 표정으로 얘기하니 어색하기도 했다. 평소 집 안에서 잔 일을 시킬 때의 도습과는 사뭇 달랐기 때문이었다. 왜 빈 대바구니 하나만 주고 밀물이 들어오는 해변으로 가라고 하는지 이해하지 못한 나는 약간 혼란스러웠다. 바구니를 들고 갯벌로 나가는 경우는 썰물이 지는 때였기 때문이다. 하지만 아버지가 장난치는 게 아님은 확실했다. 여하튼 대바구니를 들고 헐렁헐렁 해변을 향해 걸어갔다.

논과 백사장을 가로막은 '원둑'이라 부르는 긴 둑이 늘어져 있다. 둑 안쪽에 펼쳐진 논은 '원논'이다. 둑의 바다 쪽 경사지에는 해당화 나무가 빽빽하게 자라나고, 붉은 띠를 길게 쳐 놓은 것처럼 피어난 꽃이 엷은 바람에 하늘거리고 있었다. 알싸한 향기가 온몸을 감싸며 스며들었다. 가까이 다가가 피어난 해당화 이곳저곳에 코를 박고 진한 향기를 들이마셨다가 내뿜기를 되풀이했다. 그처럼 해당화는 누구라도 그냥 지나칠 수 없게 하는 매혹적인 향기를 뿜는 꽃이었다. 이것은 바람이 세차게 불어 벌 나비가 접근하기 어려운 바닷가에서 자라는 해당화의 꽃가루받이 전략인지도 모른다.

한참 동안 만발한 해당화 속에서 시간을 보내다 문득, 바닷가를 돌아보라는 아버지의 권유가 떠올라 붙잡은 대바구니 끈을 흔들며 고운 모래로 덮인 백사장으로 내려섰다. 밀물은 이미 백사장 초입까지 들어차 중턱으로 오르려고 용을 쓰고 있었다. 그런데 지금 여기에 도대체 뭐가 있다고 아무도 없는 해변에 서 있단 말인가. 뻘쭘하고 난감한 기분이 들었다. 썰물 때라면 갯벌에 들어가 구멍도 파고 돌도 들추며 숨어 있는 조개나 게를 잡을 수 있지만, 밀물로 가득 덮인 곳에서는 할 수 있는 게 없었다. 이따금 어른 팔뚝만 한 커다란 숭어가 파도 위로 튀어 오르기도 했다. 하지만 그것은 어쩌지 못하고 마음만 울렁거리며 바라보고 있어야 하는 물고기였다.

시무룩해져 바다를 바라보다가 왼쪽 마을로 이어진 백사장 쪽으로 눈길을 돌렸다. 그런데, 스무 발짝 정도 떨어진 밀물 끝에 자라 같은 시커먼 물체가 꿈틀거리고 있는 게 아닌가! 재빨리 다가가 살피니 찰박 한 마리가 밀물에 떠밀려 와 머리통 옆에 붙어 있는 지느러미를 힘겹게 할랑거리며 철퍼덕 엎드러져 있었다. 넓적하고 투실하게 생긴 녀석이었다. 황갈색인 몸통에는 시커먼 점이 빼곡하게 박혀 있었다. 순간, 뿌듯한 기쁨과 신기함이 마음에 가득 찼다. 나 같은 어린아이가 한 손으로는 집을 수 없는 크기였다. 비로소 아버지가 빈 바구니를 건넨 이유를 알게 되었다.

두 손을 붙여 모아 몸체를 떠올려 바구니에 담았다. 두툼하고 물컹하며 보드라운 감촉이 온몸으로 퍼졌다. 낯선 공포심과 흥분이 살짝 일어났다. 그렇게 오달진 감정에 휩싸여 있는데 얼마 떨어지지 않은 곳에서 좀 전과 비슷한 풍경이 눈에 들어왔다. 바구니를 들고 달려가 아까처럼 조심스럽게 두 손을 모아 들어올려 대바구니의 절반을 먼저 차지한 녀석 옆에 뉘어 놓았다. 기나긴 백사장을 가득 채우고 일렁이는 밀물 못지않게 만족감이 내 마음에 너울거렸다. 혹시 또 있을까 하는 마음으로 눈을 가늘게 뜨고 촘촘하게 훑어보았으나 백사장 끝은 찰싹이는 물결뿐이었다.

✦ 시무룩해져 바다를 바라보다가 왼쪽 마을로 이어진 백사장 쪽으로 눈길을 돌렸다.

그런데, 스무 발짝 정도 떨어진 밀물 끝에 자라 같은 시커먼 물체가 꿈틀거리고 있는 게 아닌가!

들뜬 마음으로 하늘을 향해 고개를 젖혔다가 밀물 가운데 떠 있는 듯한 검은여라고 부르는 바위섬을 바라보기도 했다. 길을 되짚어 집을 향해 가는데, 바구니가 은근히 무거워 끈을 들고 있는 쪽 어깨가 약간 기울어질 정도였다. 저만치 밭에서 일하던 아버지가 허리를 펴고 내 쪽을 바라보더니 빠른 걸음으로 다가왔다. 바구니 안을 들여다보며, "어이구야, 크다." 하며, 나를 흘끔 바라보며 벙싯거렸다. 대바구니를 받아 들고 앞장서 걷는 아버지를 따라가던 나도 몇 번이나 헤벌쭉 웃었다.

"아이구, 이게 웬일이랴"를 되뇌던 엄마는 솥에 물을 끓이러 부엌으로 들어갔다. 아버지는 뜰 안에 설치된 수동펌프 옆에 도마와 칼을 갖다 놓고 바구니 안에서 푹 퍼진 오징어를 꺼내 손질하기 시작했다. 얼마 후 아버지는 다시 나를 불렀다. 아랫집 아저씨를 모시고 오라는 심부름이다. 흥이 많고 술을 좋아하는 아랫집 아저씨가 오시면, 조용하던 뜰이 밀물로 가득한 바다처럼 분위기가 바뀔 것이다.

"사가실 뀨?"
방수비닐 앞치마를 두른 찰박마냥 푸짐하게 생긴 어물전 여주인이 채근한다. 물 밖 채반에는 죽은 녀석들을 건져서 얹어놓았다. 데쳐 먹을 것이기에 절반이나 값이 싼 죽은 찰박 두 마리를 샀다. 펄떡거리며 헤엄치는 녀석들은 그냥 바라보는 것만으로도 흐뭇했다. 찰박 두 마리가 담긴 검은 비닐봉지를 들고 고향 시골집으로 향했다. 아버지는 이 찰박을 들여다보고 예전 내가 들고 간 바구니를 건네받을 때처럼 반색하실 게 분명하다.

오징어의 수명은 대략 1년 남짓이며, 알을 낳으면 죽는다고 한다. 그렇게 번식을 끝내고 힘이 빠져 죽어가는 녀석들이 밀물에 백사장까지 떠밀려 와 어린 나의 가슴을 벅차게 한 것이다. 간척되기 전의 천수만 인근에 살던 사람들은 누구나 이렇게 밀물에 떠밀려 온 찰박을 주워다가 푸짐한 먹을거리로 삼았다.

동부시장 어물전을 나와 고향 집으로 향하며 비닐봉지에 담긴 찰박 두 마리의 무게를 가늠해 본다. 예전의 그리운 풍경이 담긴 듯 묵직하게 느껴졌다. 수많은 바다생물의 산란지였던 풍요로운 고향 바다, 간척되어 사라진 내 고향 천수만이 새삼 그리워지며 안타까운 마음이 가득 차오른다.

*주 : 찰박 – 충남 서산·태안 지방에서는 부르는 갑오징어의 이름.

몰치 떼

벼 이삭이 익어가며 살짝 꼬부라지는 때였다. 탁 트인 갯벌이 보이는 농촌이었던 우리 동네는 이맘때쯤이면 집집마다 야트막한 담장으로 호박넝쿨이 타고 올라가 덮이고, 그 사이사이에 연초록 애호박이 매달려 반짝였다.

고즈넉한 햇살이 따스하게 내리쬐는 오후, 너른 갯벌을 채우며 바닷물이 천천히 밀려왔다. 이맘때에는 수만 마리도 넘을 듯한 작은 물고기 떼가 갯고랑을 채우며 밀물을 따라 반짝거리며 몰려오는 광경을 볼 수 있었다. 우리 지방에서 '몰치'라고 부르는 숭어 새끼 떼다. 밀물은 먼저 갯고랑을 채우고 양옆에 펼쳐진 둔덕 같은 뻘을 적시며 덮는다. 밀물은 세 살짜리 어린아이가 아장아장 걷는 속도와 엇비슷하다.

신기한 마음이 솟아 다가갈라치면 경계하는 감각이 너무나 뛰어난 몰치 떼는 순식간에 방향을 바꾸어 깊은 바다 쪽으로 도망친다. 맨손으로는 도저히 잡을 수 없는 속도였다. 한 번 도망가면 좀처럼 그 근처에 다시 나타나지 않는, 어른 검지만 한 크기의 물고기였다.

그 눈치 빠르고 날쌘 몰치 떼를 잡는 방법은 딱 하나가 있었다. 백사장과 최대한 가까운 곳까지 올라왔을 때, 몰치 떼가 방향을 바꾸어 도망가는 속도보다 더 빨리 그물로 뒤를 막는 것이다. 놀란 몰치 떼는 뒤돌아 도망가려 하지만 막아놓은 커다란 그물에 걸리게 된다. 그런데 그것은 아무나 할 수 있는 게 아니다. 정강이까지 빠지는 뻘밭을 날쌔게 달려가 몰치 떼의 후미를 커다란 그물로 막을 수 있어야 한다. 그것도 두 명의 호흡이 잘 맞아야 성공할 수 있다. 이때 두 사람이 마주 들고 사용하는 족대처럼 생긴 커다란 그물을 '칸도'라고 불렀다.

어느 날 한머리(대두리) 아주머니들과 아저씨들은 함지박과 대바구니를 들고 왁자하게 이야기를 나누며 갯벌로 향했다. 어린 나도 동네 사람들의 뒤를 줄레줄레 따라갔다. 성격이 활달하고 술을 무척 좋아하는 아랫집 아저씨는 통 크게 바지게를 지고 간다. 그 집은 식구가 많았다. 백사장 초입에 다다른 사람들은 약속이라도 한 듯 주고 받으며 떠들던 소리를 딱 멈추고 슬그머니 쭈그려 앉았다.

그물을 마주 든, 우리 집 건너편 집에 사는 청년 둘이 눈빛을 주고받더니 몰치 떼의 뒤를 막기 위해 갯벌로 뛰어간다. 누룩뱀이 기어가듯 그들의 장딴

✦

이맘때에는
수만 마리도 넘을 듯한 작은 물고기 떼가
갯고랑을 채우며 밀물을 따라
반짝거리며 몰려오는 광경을 볼 수 있었다.
우리 지방에서 '몰치'라고 부르는
숭어 새끼 떼다.

그리운 고향 바다 ——— 023

지가 꿈틀거린다. 몰치떼가 눈치채지 못하도록 갯고랑과는 멀찍이 떨어져 타원형으로 뛴다. 마치 풀숲에 숨어 웅크리고 있다 박차고 일어나 먹잇감을 향해 질주하는 사바나 평원의 육식동물 같았다.

얼마 후 두 장정이 갯고랑에 그물을 박고 서서 앉아 있는 사람들을 향해 소리친다. 드디어 성공한 것이다. 백사장에서 숨죽이고 앉아서 보고 있던 동네 사람들이 소리를 지르며 일제히 일어나 두 장정이 있는 갯고랑으로 달려갔다. 밀물이 더 차오르면 그릇에 몰치를 담을 수 없기 때문이다. 나도 덩달아 달려갔다. 바글거리며 파닥이는 수많은 고기 떼가 두 눈 망막까지 가득 차 넘실거리며 아득해질 정도였다. 얼마 후 부랴부랴 몰치 떼를 함지박과 바구니에 퍼 담는 동네 어른들의 소란을 벗어나 백사장 쪽으로 돌아 나오는데, 백사장에는 그물을 들고 뛰던 장정 가운데 하나가 두 다리를 쭉 펴고 앉아 담배를 맛나게 피우고 있었다. 다가가는 나를 보더니 입술을 길게 늘이며 씩 웃었다.

그는 평소 내가 아저씨라고 부르는 청년이었다. 군대에 갔다 와서 결혼했으며, 신체가 탄탄하고 재빨랐다. 건장한 풍채에 비해 그는 항상 웃음을 머금은 표정이었으며, 농담도 잘해 마을 사람들의 분위기를 대숲에 날아온 참새 떼처럼 만들기 일쑤였다. 어린 우리에게도 다정하게 대해주어 친근한 삼촌같이 여기고 있었다. 그는 동네에서 궂은일이 생기면 스스럼없이 앞장서 처리하여 사람들로부터 미더운 사람으로 인정받고 있기도 했다.

그날 우리동네 집집마다 저녁 밥상엔 담장 밑에 달린 애호박을 숭숭 썰어 넣고 끓인 푸짐한 몰치 찌개가 올라왔다. 얼큰하고 달콤하며 구수했다. 잡는 게 어려워 자주 먹을 수 없었지만, 별미 중의 별미였다.

바다가 간척되면서 그 풍요롭던 몰치 떼의 풍경도 함께 사라졌다. 얼마 전 갯벌을 질주하던 청년을 만났다. 50여 년이 지난 지금, 그 청년은 허리가 구부정한 노인으로 변해 있었다. 슬몃 예전 몰치 잡던 이야기를 꺼내니 들판으로 변한 바다 쪽으로 자우룩이 눈길을 돌리며 긴 한숨을 내쉰다.

*주 : 몰치 떼 – 숭어 새끼 떼를 부르는 서산. 태안지방의 방언

화래질

1970년대 중반, 초등학교 4. 5학년쯤의 기억이다. '대두거리병'이라고 부르는 큼지막한 빈 유리병에 석유를 반나마 채운다. 병 입구는 오동나무 가지를 다듬어 끼운다. 오동나무 가지는 속이 비어 있어 석유가 통과하는 관 역할을 하기 때문이다. 위쪽 오동나무 구멍에는 불에 타지 않는 못 쓰게 된 쇠 우산대를 잘라 끼우고 우산대 끝에 솜을 어른 주먹 크기로 뭉친 다음 가는 철사로 친친 감아 고정한다. 병 중간을 새끼줄로 감아 손잡이를 만들면 드디어 횃불 도구가 완성되는 것이다.

병 중간에 새끼줄을 감아 만든 손잡이를 잡고 병을 거꾸로 들고 있으면, "꼴꼴꼴꼴" 하는 소리를 내며 석유가 오동나무 가지를 거치고 빈 쇠 우산대를 지나 끝에 동여맨 솜뭉치를 적신다. 이렇게 석유에 적셔진 솜에 불을 붙이면 서 있는 주변을 환하게 밝히는 횃불이 된다. 이 횃불을 들고 어두운 밤

바다에서 게나 물고기를 잡는 일을 '화래질'이라고 했다. 바다에 들어가 이리저리 돌아다니다 석유가 닳아 불꽃이 사위어 드는 기미가 보이면 동작을 멈추고 병을 거꾸로 든다. 잠시 후 솜뭉치가 석유에 젖으며 맹렬하게 불꽃이 되살아났다. 갯가를 끼고 있는 우리 동네는 집집마다 이 화래질 도구를 한두 개씩 만들어 놓고 있었다.

아이들의 호기심과 흥미를 솟게 하는 이 화래질은 아무 때나 할 수 있는 게 아니었다. 바닷물이 많이 밀려왔다 멀리까지 물러가는 사리 썰물 때라야 하고, 비가 내리거나 세찬 바람이 불어도 갈 수 없었다. 달이 휘영청 밝게 떠오르는 보름 어간에는 등잔불 아래에 엎드려 책을 읽거나 숙제를 해야 했다. 이렇듯 조건이 딱 맞아떨어지는 날이 아니면 갯벌에 들어갈 수 없었지만, 이 화래질은 아이들이 기대하며 기다리는 '즐거운 노동'이었다.

달은 없고 바람도 잔잔한 데다 별이 가득하게 박혀 있는 어느 여름 저녁 어스름 때였다. 나보다 두 살 많은 아랫집 형과 건너편 동네에 사는 동갑내기 친구와 그의 동생이 우리 집 마당으로 모였다. 저녁 먹기 전까지 우리는 밀물이 가득했을 때 해가 물에 잠겨 흐물흐물해질 때까지 물놀이에 푹 빠져 있었다. 나는 반쯤 잠긴 해를 물속에 엎드린 채 바라보고 있었다. 내일 만나자고 손짓하는 듯, 찰방이는 파도에 녹아 있는 짙은 노을의 주홍빛은 내 가슴팍까지 밀려와 연이어 부서졌다. 나는 문득 지금처럼 아름다운 풍경 속에 황홀하고 안온한 느낌이 영원히 계속되는 것이 '열반'이 아닐까, 하는 생각이 들었다. 어린 내가 이런 생각까지 했다는 사실에 스스로 대견하고 신기한 생각이 들어 바닷

밤바다에 나갈 때는
필수적으로 가지고 가야 할 도구가 있다.
우선 헛간에 있는 횃불이다.
다음으로 대나무를 얇게 쪼개 만든
'다람치'라고 부르는 큰 바구니다.
끈을 달아 어깨에 멘다.

그리운 고향 바다

속으로 잠기는 태양을 바라보며 씩 웃었다. 그것은 지금 생각해도 대견하다.

물놀이를 끝내고 해당화가 가득 피어나 알싸한 향내로 덮인 원둑을 걸으며 집으로 가는 중에, 앞서 걷던 아랫집 형이 돌아보며 저녁 먹고 나서 화래질을 가자고 제안했다. 모두 옳다구나 동의했다. 그래서 바다와 가장 가까운 우리 집 마당으로 모인 것이다. 깜깜한 바다에 들어갈 때마다 만나게 되는 퍼덕거리는 갖가지 생물들에 대한 기대로 화래질 도구를 챙기는 나는 마음이 설렜다.

밤바다에 나갈 때는 필수적으로 가지고 가야 할 도구가 있다. 우선 헛간에 있는 횃불이다. 다음으로 대나무를 얇게 쪼개 만든 '다람치'라고 부르는 큰 바구니다. 끈을 달아 어깨에 멘다. 다음으로는 작살이다. 밀물 때 먹이활동을 한 생물들은 썰물이 되면 먹이활동을 중단하고 모래에 몸을 파묻고 숨어 있는 경우가 많았다. 횃불을 들고 다가가면 녀석들은 제풀에 놀라 모래 속에서 튀어나온다. 또는 우리가 딛는 발걸음 진동에 놀라 튀어나오기도 한다. 대범한 녀석들은 모래 속에 움직이지 않고 살짝 코와 눈을 내민 채 숨을 쉬고 있는 걸 볼 수 있다. 횃불을 바닥에 가까이 기울여 살피면 녀석들은 그제야 모래 밖으로 나온다. 이때 맨손으로 잡으면 큰일 나는 녀석들이 있다. 꼬리 위에 날카롭고 굵은 독침이 박혀 있거나 몸 주위에 날카로운 지느러미가 빽빽하게 달린 '장대'나 '붐치'라고 부르는 물고기 종류였다. 맨손으로 잡다가 쏘이거나 찔리면 상처가 나거나 며칠은 앓아누울 정도로 위험한 녀석들이었다. 작살은 이렇게 맨손으로 잡을 수 없는 녀석들을 발견했을 때 사용한다. 동작이 빠른 커다란 망둥이는 위험하지는 않지만, 손으로 잡으려고 다가갈라치면 꼬리를 세차게 흔들며 약 올리듯 도망가기 때문에 조금 떨어진 곳에 멈춰 서서 숨을 가다듬으며 작살을 겨누었다.

맨발로 가는 것은 위험해서 고무신을 신고 가야 했다. 돌이나 바위에 붙은 단단한 굴이나 따개비를 밟으면 다치기 때문이다. 고무신의 효용가치는 확실했다. 걷다 보면 갯고랑 모래 속에 숨어 있던 '사시랭이'라고 부르던 어린 꽃게가 놀라 '파라락' 하는 소리를 내며 튀어나온다. 그때 고무신을 신은 발로 곧추세운 집게다리를 지긋이 누르고, 집게다리 반대편을 잡아 익숙하게 어깨에 멘 '다람치'라고 부르는 대바구니에 넣는다.

물 빠진 너른 바다를 이리저리 다니며 우리는 대화를 거의 나누지 않았다. 횃불에 비친 갯벌 바닥을 살피느라 집중해서이기도 했지만, 무엇보다 눈 앞에 펼쳐지고 있는 파닥거리는 생물들의 생동감 넘치는 풍경에 압도되었기 때문이다. 깜깜한 밤바다엔 동그란 횃불들이 느리게 춤을 추는 사람처럼 여기저기서 움직일 뿐이었다.

이렇게 밤에 들어갈 수 있는 곳은 모래갯벌이나 흙과 모래가 섞인 갯벌이다. 밤중에 정강이까지 푹푹 발이 빠지는 뻘갯벌에 들어가는 것은 '욕심 많고 어리석은 여우' 밖에는 없다. 우리 동네 갯벌은 흙과 모래가 섞여 있어 발목 정도밖에 빠지지 않았다. 더구나 부석(浮石)이라는 지명의 유래가 된, 작은 바위섬인 '거문여' 앞까지 썰물이 되면, 그 근처까지 흐르는 모래로만 이루어진 갯고랑을 따라 내려가며 갖가지 물고기와 게를 잡을 수 있었다. 작은 게는 잡지 않았고 큼지막한 게만 잡았다. 그렇게 두세 시간 밤바다를 돌아다니면 메고 있는 다람치가 묵직해진다. 목이 마르고 배가 고파지면 왔던 갯고랑을 되짚어 집으로 돌아온다. 돌아오는 길에 모래에 묻혀 있던, 사시랭이가 소리 내며 튀어나와도 심드렁하게 바라볼 뿐 잡지 않았다.

밤늦게 집으로 돌아와 뜰에 다람치를 내려놓자 시쁘둥한 얼굴로 기다리고 있던 엄마는 나와 다람치 안을 번갈아 보며 입이 벙그러진다. 밤늦게 돌아와 단잠을 깨운 데 대한 불만이, 푸짐한 반찬거리를 장만해 온 어린 나에 대해 대견함으로 바뀌었다는 것을 알아차릴 수 있었다. 갖가지 물고기와 사시랭이로 그들먹한 다람치를 추썩거리며 "이게 웬일이랴."를 되뇌었다.

내 큰아이가 여섯 살 때쯤이었다. 들판을 가리키며 이 이야기를 들려주니, "아빠랑 횃불 들고 저 바다에 가서 게를 잡으면 얼마나 재미있을까." 하며 아쉬워한다. 지금도 그 아쉬워하는 아이의 표정이 내 안에서 아른거린다. 아이들의 호기심과 재미, 상상력을 채워주던 그만 한 곳이 또 어디 있을까.

거문여
근처에서

우리 동네 서남쪽으로 태안을 마주 보는 사이에 적돌만(積乭灣)이라고 부르는 바다가 깊숙하게 들어와 펼쳐져 있었다. 그 바다 중간에는 '거문여'라고 부르는 검은색 돌이 모여 있는 작은 바위섬이 자리 잡고 있다. 이 바위섬은 밀물이 최고조로 진행되어 수심이 깊어져도, 풍랑이 일어 파도가 거세게 이는 날에도 절반쯤 드러나 있다. 마치 물에 떠 있는 것 같아 우리 지역의 이름이 부석면(浮石面)으로 정해진 연원이 있는 공간이다. 부석사를 창건한 의상대사와 그를 사모하는 선묘낭자의 이루지 못한, 아름답고 애달픈 사랑 이야기가 서려 있기도 하다.

거문여로 불리는 바위섬은 물이 많이 빠지는 사리 때에도 발목이 잠길 정도에서 썰물이 끝나는 지점에 있었다. 거문여 근처까지 가면 얼마 후에 밀물이 시작되는 시간이므로 주의해야 한다. 깊은 갯고랑을 휘돌아 들어차는 물

034 ──── 민원아, 꿩알 주우러 가자

결의 기색이 있으면 얼른 육지 방향으로 나와야 한다. 그곳에 올라가 낚시에 몰두하다 어느새 들어찬 밀물을 발견하고 빠져나오려다 목숨을 잃은 사람도 종종 있었다. 그렇기에 그 바위섬에는 자주 갈 수도 없고, 아이들은 웬만하면 가려고 하지 않았다.

그런데 그곳은 온갖 생물들이 서식하기 좋은 환경을 갖추고 있었다. 거문여 일대는 흙과 모래가 적당하게 섞여 있어 이른바 생물다양성의 보고였다. 특히 건강한 생태계를 가늠하는 생물로 평가되는 말잘피 군락이 넓게 펼쳐져 있었다. 육상의 숲과 같이 갖가지 바다 생물들의 안식처와 피난처, 은신처가 되고 산란장 역할을 하는 것이다. 지금은 갯벌에 말잘피를 심어 생태계를 복원하려는 곳도 있다.

우리 고장 사람들은 말잘피 군락을 '진질밭'이라고 불렀다. 이 말잘피 군락은 작은 갈대처럼 생겼지만 스스로 줄기를 곧추세울 수 없는 바다풀인 말잘피는 썰물이 진행된 방향으로 일제히 엎드러져 있었다. 밀물이 되어 물이 차오르면 미역처럼 다시 일어나 물결에 흔들리며 숲을 이룬다. 줄기를 만져보면 잔뜩 비누칠을 한 것처럼 미끌미끌했다.

초등학생이었던 내가 정강이 정도까지 썰물이 되어 엎어진 진질밭을 가로질러 가는 것은 여간 힘에 부치는 일이 아니었다. 걸음을 성큼성큼 떼서 걷지 못하고 쓰러진 풀을 발로 헤치며 가야 하기 때문이다. 하지만 그 진질밭에는 온갖 생물이 숨어 있다는 걸 알기에 바구니를 들고 돌아다니게 된다. 호기심은 불편함을 감수하게 하는 법이다. 여기에서 어린 내가 평소 경험하지 못한 신기한 일이 많이 일어났다. 숨어 있던 '박하지'(민꽃게)가 놀라 지느러미발을 휘저으며 도망가려 한다. 그러나 빽빽하게 엎어진 말잘피 때문에 오도 가도 못한다. 그럼에도 성깔 있는 박하지는 두 집게를 치켜들고 겁을 준다. 아니, 겁먹었다는 걸 알려준다. 여유롭게 고무신을 신은 한 발로 슬그머니 누르고 등딱지 뒤편 배딱지 부위를 잡아 대바구니에 넣는다. 문득, 선뜩한 느낌이 든다. 진질밭 속에 숨어 있던 낙지가 지나가는 내 종아리에 척 붙어 있다. 내가 지나갈 때 낙지를 건드렸을 것이다. 허리를 굽혀 통통하게 생긴 자신의 머리통에 손을 갖다 댈 때까지 떨어질 생각이 없는 듯했다. 이렇게 내게 달라붙어 애정을 표현하는 녀석을 매정하게 내치고 올 수는 없었다. 헤엄치던 쭈꾸미도 말잘피 사이에 가라앉아 쉬고 있다. 아기 새끼손가락 크기의 해마가 똑바로 서서 헤엄치며 다닌다. 신기해서 잡아보면 껍질이 까끌까끌하고 단단했다. 생김새는 망아지의 머리 부분과 매우 닮아 있었다.

드넓은 진질밭을 벗어나면 모래로 이루어진 벌판이 나타난다. 거기에는 꽃게가 몸을 숨기고 얕은 물에 눈자루만 살짝 내놓고 숨을 쉬고 있다. 가만 살펴보면 처음 물이 끓어오를 때처럼 '호로록 호로록' 물방울이 올라오며 세미한 물결이 이는 게 보인다. 그곳에 섣불리 손을 갖다 대면 낭패를 볼 수 있다. 놀라 튀어나온 꽃게의 강력한 발에 물릴 수 있기 때문이다. 숨을 쉬고 있는 반대편 넓적한 지느러미발이 있는 곳에 손을 집어넣고 배갑 뒤쪽을 잡아 옆에 내려놓은 대바구니 안에 잽싸게 집어넣어야 한다. 어느 날은 키조개가 윗부분만 살짝 내놓은 채 박혀 있는 걸 보았다. 그날은 호미를 가지고 가지 않앉다. 무척 아쉬운 마음이 들었다. 견고하고 깊숙이 박힌 키조개를 손으로 몇 번 긁어내다 포기하며 발끝으로 주둥이를 몇 번 툭툭 차주고 돌아섰다.

얼마 전 오랜만에 그곳을 찾아갔다. 거문여는 40년이 넘는 긴 세월 속에 풍화되어 을씨년스럽게 스러져 가고 있었다. 이리저리 둘러보다 바위섬 가장자리에 굴 껍데기가 다닥다닥 붙어 새하얗게 빛나고 있는 커다란 바위를 보게 되었다. 자신에게 붙어 자라던 굴은 죽어 사라졌지만, 여기는 온갖 생명체를 보듬고 기르던 바다였다는 걸 증명하려는 듯했다. 긴 세월이 지나도록 아직도 완강하게 굴 껍데기를 붙들고 있는 바위는 넘실거리는 바닷물에 몸을 적시고 싶다고 호소하는 듯했다. 마치 폭격을 맞은 건물더미 잔해 속에서 아이의 목숨만은 지키기 위해 꼭 껴안고 죽어있는 엄마의 모습같이 느껴지기도 했다.

시간이 새겨놓은 눈물겨운 흔적이다.

적돌만에서의 추억

내 고향 서산 부석면과 태안 사이로 깊숙하게 들어와 펼쳐진 갯벌을 적돌만(積乭灣)이라 불렀다. '바다 안의 바다'인 셈이다. 이곳은 다른 곳과 비교할 수 없을 정도로 갖가지 생물들이 번성하던, 생태적 보고로 평가받던 곳이었다. 어린 시절 적돌만은 가늠할 수 없는 호기심과 상상력 그리고 재미를 안겨 주었다. 오랜 세월이 흘렀어도 엊그제에 겪은 일인 듯 선명하다.

❋ 살조개(참꼬막) 잡기

우리 집에서 갯가까지는 아이 걸음으로 10분 남짓한 거리였다. 썰물이 진행되어 백사장에서 오십 걸음 정도 물이 빠지면 맷돌 크기만 한 대바구니를 들고 갯벌로 들어간다. 발등을 채 덮지 못하는 썰물의 끝을 찬찬히 살피며 살금살금 가로질러 갔다. 꼬막이 사는 장소는 모래가 적당히 섞인 뻘이라 발목 정도까지밖에 빠지지 않았다. 또한 꼬막도 물렁한 뻘과는 달리 깊이 파고 들지 못해서, 완전히 썰물이 져도 껍데기 일부가 살짝 드러나 있었다. 잘방잘방 덮인 물에서도 꼬막은 껍질을 열고 바닷물을 빨아들이며 먹이활동에 열중하고 있었다. 그러다가 가까이 오는 발걸음의 진동에 놀라 깜빡하고 눈을 감듯이 황급히 껍데기를 닫는다. 이때 살짝 흙탕물이 일어난다. 그곳에 다가가 손가락을 대면 어김없이 통통한 꼬막이 박혀 있는 것이 느껴졌다. 그걸 검지로 굴려내 대바구니에 담으면 꼬막 잡기는 완성된다.

이렇게 돌아다니면 30분도 채 지나지 않아 대바구니 절반 이상이 채워진다. 더 주워 담을 수가 없다. 바구니가 무거워 집에까지 들고 가기가 힘겹기 때문이다. 또한 내일도 여전히 꼬막들은 여기저기 앉아 있다가 내가 오면 윙크하듯 깜박일 테니 아쉬워할 필요가 없다. 낙지 잡느라 어른들이 여기저기 깊게 파놓은 구덩이에는 썰물이 되어서도 물이 가득 차 있다. 대바구니를 구덩이에 넣고 대여섯 번 추썩거리며 흔들어 껍데기에 묻은 뻘을 씻어낸 다음 대바구니 끈을 들고 집으로 돌아온다. 집과 그리 멀지 않은 거리지만, 무거운 대바구니를 손을 여러 번 바꾸어 들며 갔다. 저 멀리 밭에서 일을 하시던 아버지가 돌아 오는 나를 보고 뛰어와 바구니를 건네받곤 했다.

가마솥에 물을 약간 넣은 다음 대바구니를 기울여 꼬막을 쏟아붓고, 탈곡한 후 나뭇간에 쌓아놓은, 어른 키보다도 훨씬 큰 마른 호밀 대를 가져와 아궁이에 넣고 불을 때며 삶는다. 나무 주걱으로 이리저리 저어야 한다. 그렇지 않으면 껍질이 완전히 벌어져 꼬막살 안에 담긴 즙이 빠져나가 맛이 덜하기 때문이다. 이때 껍데기와 가마솥이 비벼지며 요란한 소리가 부엌에 가득 찬다. 특유의 구수한 냄새가 풍기면 얼른 불을 끄고, 김이 모락모락 나는 삶은 꼬막을 채반에 건져내 마루로 날라 온다. 살짝 벌어진 꼬막 껍데기를 두 손 엄지로 까면 불그스름한 즙이 막에 덮인 채 한 쪽으로 살이 몰려 있다. 이 부분을 윗니에 대고 "스읍"하는 소리를 내며 슬쩍 긁으면 꼬막 살이 통째로 입안에 쏙 들어온다. 뜨끈하고 구수하고 담백한 맛이었다. 아침에 보리를 넣고 지은 식은 밥과 곁들여 먹는 따끈한 꼬막살은, 갯가와 잇대어 살아가던 사람들이 누리던 먹을거리였다. 적돌만이 선사하던 성찬 가운데 하나였다.

❈ 박하지(민꽃게) 간장게장

바닷가 사람들은 여름이 시작되는 무렵부터 배동바지가 시작되는 늦여름까지 박하지라고 부르는 민꽃게로 담근 게장을 주된 반찬으로 삼았다. 아랫녘에서는 이 게를 돌게라고도 부른다. 밀물 때 먹이활동을 하다 썰물이 되면 주로 돌 밑의 흙을 파내고 숨기 때문에 붙여진 이름일 것이다. 꽃게와 닮아 있지만, 훨씬 억세고 거칠게 생겼다. 적돌만의 너른 들판에는 돌과 바위가 무수히 널려 있었다. 박하지는 특히 흙과 모래가 섞인 곳에서 많이 서식했다. 우리 동네는 옆 동네와는 달리 농사가 주업이었기 때문에 농사철에 반찬거리를 장만하러 박하지를 잡으러 가는 사람은 주로 나처럼 어린 사내아이들이었다.

박하지가 있는 모래와 흙이 섞인 곳을 가려면 대략 300미터 정도의 뻘로

어린 시절 적돌만은 가늠할 수 없는 호기심과 상상력 그리고 재미를 안겨주었다.
오랜 세월이 흘렀어도 엊그제에 겪은 일인 듯 선명하다.

그리운 고향 바다 ——— 041

덮인 벌판을 지나야 한다. 뻘로 덮인 벌판은 정강이까지, 어느 곳은 허벅지까지 빠지기도 했다. 그 진흙벌을 지나면 박하지를 비롯한 온갖 생물들이 서식하는 모래와 흙이 섞인 땅이 펼쳐졌다. 거기서부터는 빠지지 않아 고무신을 신은 채 마음껏 돌아다닐 수 있었다. 통발로 고기를 모이게 하는, '살'이라고 부르던 정치망(定置網)도 그곳에 설치되어 있었다. 문제는 거기까지 어떻게 가느냐였다.

그런데 뻘 가운데를 가르는 딱 하나의 길이 나 있었다. 평균대 폭만 한, 좁은 시골 산길처럼 구불구불하게 난 바닷길이다. 걸을 때 발목 정도밖에 빠지지 않았다. 아주 오래전에 어떤 사람이 발을 디디며 덜 빠지는 곳을 발견한 뒤, 다른 사람들이 그가 밟은 곳을 또 밟아 다져지며 생존의 길이 생긴 것이리라. 사람이 많이 다니는 곳이 길이라는 말이 증명되는 곳이었다.

박하지는 썰물이 되었을 때 돌 밑의 흙을 파내고 그 속에 숨어 들어가 있다가 밀물이 되면 나와서 먹이활동을 하는 습성을 가진 게다. 그래서 박하지를 잡으려면 무조건 돌을 들추는 게 아니라 돌의 주변에 박하지가 파낸 흙무더기가 있는지부터 살펴야 한다. 돌 가까이에 흙이 쌓여 있으면 영락없이 박하지가 들어 있다. 이를 '밑냈다'고 표현했다. 밑을 내지 않은 돌은 잘 들춰지지도 않았고 보나 마나 게가 들어 있지 않았다. 커다란 수박 크기의 돌 밑을 파고 들어가 있는 게 보통이다. 밑 낸 쪽 반대편에서 서서 돌을 천천히 들춘다. 물이 발목 정도 깔린 곳에서 "파라락"하는 소리를 내며 놀란 박하지가 튀어나온다. 두 집게를 치켜들고 위협하는 녀석을 고무신 신은 발로 슬며시

누른 뒤 배꼽 뒤 등갑을 붙들어 바구니에 넣으면 깔끔하게 마무리된다. 그보다 큰 돌에는 몸 전체가 진보랏빛으로 덮인 꽃게의 크기만 한 녀석이 들어 있다. 돌 밑을 퍼낸 흙의 양을 봐도 알 수 있다. 하지만 큰 돌을 들출 힘이 없는 나는, 아쉬운 눈길을 두어 번 얹으며 지나칠 수밖에 없었다.

그렇게 두세 시간 돌아다니다 보면 목이 말라온다. 대바구니에 담긴 호미로 바위에 붙은 굴을 몇 개 까먹으면 신기하게 갈증이 가셨다. 머지않아 밀물이 시작될 것이다. 묵직해진 바구니를 가늠하며 길을 되짚어 집으로 돌아간다. 내 앞에 가는 사람도 있고, 내 뒤에 오는 사람도 있다. 바다가 없는 인근 동네에서 일부러 잡으러 오는 아낙네들도 많았다.

집에 오면 엄마는 대바구니에 서로 싸우며 엉겨있는 박하지를 간장이 담긴 작은 항아리에 하나씩 똑똑 떼어 넣었다. 하루가 지나면 간장 맛이 알맞게 들어 사나흘 여름 맛깔나는 '밥도둑'이 되었다. 건강하고 풍요롭던 적돌만에 살아가며 새겨진 잊을 수 없는 추억이다.

갯벌이
건네준 선물

❉ 실장어와 건빵

1970년 초반 초등학교 저학년 때의 기억이다. 우리 집이 포함된 한머리(대두리) 3반에는 마을을 가로지르며 흐르는 개울이 있었다. 동쪽 끝 절골 산 구릉에서 시작된 시냇물은 서남쪽 갯벌까지 이어지며 흘렀다. 갯벌과 이어졌기에 사리 밀물 때는 개울 중턱까지 바닷물이 거꾸로 올라오는 신기한 장면을 종종 볼 수 있었다. 그곳은 민물과 바닷물이 섞이는 공간이 자연스럽게 만들어지고 있었다. 이곳에서는 영양분이 풍부해 온갖 생물들이 번성했다.

특히 알에서 깨어난 지 얼마 되지 않은 바닷장어의 치어는 이러한 공간을 찾아와 살아가고 있었다. 바닷장어는 육상에서 살며 성장하다 번식기가 되면 필리핀 근처 바다 깊은 곳에서 알을 낳는다는 사실이 밝혀졌다. 알에서 깨어난 치어들은 조류를 따라 헤엄치다 우리나라 서해안 갯벌과 육상이 섞이는 곧간으로 스며든다고 한다. 연어와는 생태적 양상이 반대다. 연어는 바다에서 살다 강으로 오는데, 장어는 육상에서 자라다 바다로 간다. 둘의 공간이 겹치지 않는다. 이렇게 함으로써 두 종의 생명체가 서식 공간에 대해 경쟁하지 않고 살아갈 수 있는 것이다.

그 당시 장어 치어를 성체로 양식할 수 있는 기술은 일본만이 가지고 있었다. 그 바닷장어의 치어를 '실장어'라고 불렀다. 바닷장어는 인기 있는 고급 어종이었으므로 잡은 치어의 전량을 일본에 수출했고, 값도 비쌌다. 우리 집 아래쪽에 흐르는 개울에 그 귀한 바닷장어의 치어가 올라와 꼬물거리며 살아가고 있었던 것이다. 이 사실을 간파한 사람은 나보다 5살 많은 이웃집 형이었다. 그는 손끝이 매끄럽고 성격이 활달하며 키와 몸집도 또래보다 듬직했다. 그 형은 자신이 점찍어 둔 곳을 갈 때면 나를 데리고 다니는 걸 좋아했다. 따라다니면서 호기심에 넘쳐 이것저것 물어보면 그 이웃집 형은 짐짓 학교 선생님처럼 의젓한 표정으로 바뀌었다. 그렇게 선생님 흉내 내며 설명하는 것에 재미가 들린 것 같았다. 여느 집과는 달리 형제가 없는 환경이라서 그런지 나를 동생으로 여기며 살갑게 대해주었다. 혼자 다니기 심심하니 심부름도 시키면서 무료함을 메꾸려고도 했을 것이다.

이웃집 형은 파란색 모기장을 오려 만든 자그마한 족대와 양철로 만들어진 조로라고 부르는 물뿌리개를 가지고 있었다. 조로에는 맑은 시냇물이 반나마 담겨 있었고, 내게 그것을 들게 했다. 갯벌과 가까운 냇물 쪽으로 가서 물이 흐르는 반대 방향에 서서 모기장 족대를 바닥에 대고 훑는다. 냇둑 가장자리 물에 잠긴 풀이 있는 곳은 발로 토닥이듯 밟으며 진동을 일으킨다. 이 진동에 놀란 실장어들이 움직이며 족대 안으로 들어오게 하려는 것이다. 한참 그렇게 하다 모기장 족대를 들어 올리고 그물 안을 살펴본다. 설핏 보면 흙과 모래 그리고 떨어져 나온 풀잎이 섞여 허탕을 친 것처럼 보였다. 하지만 형은 들어 올린 족대를 움직이지 않은 채 눈초리에 힘을 주고 찬찬히 살핀다. 마치 계곡에서 사금을 건져 올리는 사람처럼 신중하기 그지없었다. 둑에 서서 내려다보고 있는 나도 덩달아 긴장되어 숨이 가다듬어졌다.

가느다란 몸체는 시냇물 색깔과 흡사하게 투명했다. 그런데 잘 살피면 뾰족한 연필로 흰 종이에 살짝 그은 듯한 가무스름한 내장이 들어 있는 걸 볼 수 있다. 족대를 움직이지 않고 들고 있으면 녀석들은 안전하다고 느끼는지 꼬물거리는 것이다. 그걸 본 이웃집 형은 큰 입을 가로로 더 길게 늘이며 나에게 턱짓을 한다. 내가 들고 있는 조로를 자신 앞에 갖다 대라는 것이다. 그렇게 한참 개울을 뒤지면 사오십 마리를 잡게 되는 쾌거를 이룰 때도 있었다. 그럴 때 그 형의 너부데데한 얼굴은 발효되어 부풀어 오른 술빵 같았다. 그렇게 잡은 실장어는 한 마리에 5원에 팔았다. 그 당시 공책 한 권 값이 10원이었으니, 13살 어린이가 하루에 공책 20권도 넘게 살 수 있는 짭짤한 수입을 올리는 시골에서는 흔치 않은 일이었다.

아침 일찍 이웃집 형은 나를 불러내어 실장어가 든 조로를 들고 민물고기를 전문으로 취급하는 가게로 팔러 갔다. 실장어를 수집하는 가게는 걸어서 20분이 채 걸리지 않는 면 소재지 취평리에 있었다. 부드럽고 가느다란 붓으로 실장어 하나하나를 떼어내며 숫자를 셌다. 수량 확인이 끝나고 돈을 받으면 점방에서 건빵 두 봉지를 사서 한 봉지를 척 내게 건넨다. 들이나 산을 돌아다니며 시금한 야생 열매만 따 먹던 나는, 건빵이 불룩하게 담긴 봉지를 통째로 건네받고 말할 수 없는 뿌듯함에 휩싸였다. 봉지를 뜯어 건빵 하나를 입에 넣는 순간, 나도 모르게 눈이 사르르 감겼다. 갯벌이 우리에게 밀어 올려 건네준 달콤하고 고소한 선물이었다.

뭍게

"묵그이(뭍게)다!"

원둑 쪽에서 일하고 있던 사람이 외치는 소리다. 볕이 좋은 가을날 오후, 여럿이 원논에 모여 벼를 베고 있었다. 백사장보다 높게 가로지른 둑 안쪽에는 넓은 논이 펼쳐져 있다. 이 넓은 논을 원논이라 불렀고, 소금기를 빼기 위해 겨울에도 물을 그득 채워놓아 겨울이면 동네 아이들이 드넓은 이곳으로 몰려와 마음껏 썰매를 타며 노는 공간이었다. 콤바인이 들어오기 전의 농촌의 추수는 동네 사람들의 품앗이를 통해 낫으로 벼를 베는 게 일상이었다. 서너 포기를 한 손으로 휘어잡고 숫돌에 번들거리도록 갈아낸 낫으로 밑동을 훑으면 '후두둑 후두둑'하는 경쾌한 소리가 나며 말끔하게 공간이 점점 늘어난다.

둑까지 누렇게 익은 이삭을 치렁치렁하게 매달고 있는 벼 포기를 베어내면 가려졌던 둑의 측면이 드러난다. 여기에 커다란 구멍이 뚫려 있었다. 이 구멍에는 등갑이 어른 주먹보다 큰 게가 들어가 살고 있었다.

　허리를 굽혀 벼를 베던 사람들은 베어놓은 볏단 위에 낫을 올려놓고 소리친 사람 쪽으로 성큼성큼 다가갔다. 아니나 다를까, 커다란 구멍 속에 커다란 게 한 마리가 들어 있었다. 우리 동네 사람들은 이 뭍게를 '묵그이'라고 불렀다. 육지에서 살아간다고 해서 그렇게 불렀을 것이라 짐작한다. 이 게의 특징은 유별나다. 다리에 털이 많이 나 있다는 점이다. 마치 동화에서 나오는 산적 두목처럼 다리마다 억센 털로 북실북실하게 덮여 있었다.

　그날 그 털 많은 뭍게는 운이 없었다. 햇볕이 너무 맑고 따사로워, 자신의 굴이 드러나는데도 방심하고 있었는지도 모른다. 사람들은 둑에 널린 마른 풀을 모아 구멍에서 게를 꺼내 굽는다. 다리마다 가득했던 털은 불길에 몽땅 타버리고 고소한 냄새가 풍겼다. 사이참 때 남겨둔 막걸리를 가져와 둘러앉는다. 빨갛게 익은 게를 여러 조각으로 찢어 맛나게 나누어 먹었다.

　이 또한 애쓰며 일하는 사람들을 위로하는, 갯벌이 밀어 올려준 선물이 아니었나 싶다.

살집과 물사람 이야기

포구가 있던 노라실이라고 부르는 옆 동네와는 달리 우리 동네 한머리는 농사가 주업이었다. 억척스럽고 부지런한 몇몇 아낙들은 농한기가 시작되는 늦가을부터 겨울이 지날 때까지 썰물이 되면 갯벌에 들어가 굴이나 바지락을 채취하여 농사의 수익을 보충하는 정도였다. 농사를 감당하기에 나이가 어린 아이들은 갯벌에서 간장게장으로 먹는 '박하지'(민꽃게)를 잡아 오는 일이 일상이었고, 여름 그믐사리가 되면 아이들은 물론 어른들도 깜깜한 밤중에 횃불을 들고 갯벌로 들어가 온갖 생물을 잡아 오는, '화래질'을 즐기기도 했다. 그런데 다른 동네에는 없는, 신기한 이야기 하나가 지금까지 이어져 내려오고 있었다.

우리 동네에서 살집이라 부르던 강씨 성을 가진 집이 있었다. '살'이란 그물이란 뜻이다. '살집'이란, 갯벌 깊숙한 곳에 소나무를 기다란 반원 모양으로

통발 근처로 가니
놀라운 광경이 펼쳐지고 있더란다.
허리 위로 머리까지는 사람인데,
그 아래는 물고기처럼 생긴 생물 두 마리가
그물에 걸려 빠져나가지 못하고
파닥거리고 있더라는 것이다.
다가오는 할아버지를 보고 눈물을 흘리며
풀어달라는 듯 두 손을 모으더란다.

그리운 고향 바다

박아놓고 그물을 씌운 정치망(定置網)으로 물고기나 게를 잡던 집을 가리킨다. 그 집 할아버지의 아버지 즉 증조할아버지가 거의 평생을 그 일을 해서 지금과 같이 규모 있게 살림을 일으켰다고 한다. 내가 어린 시절 그 집은 농토가 많아 그물을 매는 일을 하지 않았다. 그런데도 동네 사람들은 여전히 그 집을 가리켜 살집이라 불렀다. 그 당시에 실제로 그물을 매서 물고기를 잡는 집이 몇 있었지만, 살집이라고 부르지는 않았다. 그 집을 여전히 살집이라고 부르는 것은, 예전 강 씨네 증조할아버지가 동네에서 유일하게 살 매는 일을 오랫동안 해왔기 때문에 관행으로 굳어졌을 것이다. 하지만 무엇보다 독특하고 신비한 이야기 하나가 그 집으로부터 흘러나왔기에 여전히 살집이라 부르지 않았나 싶다.

살을 매는 일은 강인한 체력과 두둑한 담력, 그리고 끈기와 성실함이 있어야 가능했다. 백사장에서 500미터가 넘게 떨어진 갯벌에 설치한 그물로 가서 잡힌 물고기를 지게에 짊어지고 오는 때는 날마다 달랐다. 하루에 두 번 밀물과 썰물이 번갈아 일어나며 시간도 날마다 달랐다. 낮에는 물론 초저녁에도 가야 하고, 한밤중이나 새벽 시간에 가야 할 때도 있다. 서해안 갯벌의 밀물과 썰물은 날마다 다른 시각에 일어나기 때문이다.

밀물을 따라 백사장 근처까지 몰려와 먹고 놀던 온갖 종류의 물고기들은 썰물이 진행되면서 깊은 바다로 되돌아가다 반원으로 기다랗게 설치된 그물에 갇히게 된다. 그물에 걸린 물고기는 앞으로 나가지 못하고 점점 수심이 낮아짐에 따라 그물 가운데 설치된 통발로 모여들게 된다. 그렇게 매어져 있는 그물은, 마치 뛰어오는 아이를 품으려는 이가 두 팔을 활짝 벌리고 있는 모양이었다. 통발을 중심으로 좌우 길이를 합쳐 200미터 가까이 되는 웅장한 규모였다. 그물 밖까지 썰물이 진행되면 통발에 모인 물고기를 털어 '다람치'라고 부르는 대나무로 만든 커다란 바구니에 붓는다. 숭어를 비롯한 물고기와 꽃게, 오징어 등 온갖 가지 생물들이 팔딱거리고 있었다. 이 다람치를 지게에 짊어지고 발목까지 빠지는 갯벌을 걸어 나와야 하는 노동이 이른바 그 고단한 '살 매는 일'이었다.

그런데 언젠가 그 살집에서 신비한 이야기가 하나 흘러나와 동네에 퍼졌다. 어느 날 해가 뉘엿뉘엿 지고 있는 저녁 무렵에 살집 할아버지는 그물을 털러 갔다고 한다. 통발 근처로 가니 놀라운 광경이 펼쳐지고 있더란다. 허리 위로 머리까지는 사람인데, 그 아래는 물고기처럼 생긴 생물 두 마리가 그물에 걸려 빠져나가지 못하고 파닥거리고 있더라는 것이다. 다가오는 할아버지를 보고 눈물을 흘리며 풀어달라는 듯 두 손을 모으더란다. 가만 보니 생김새가 하나는 남자고, 다른 하나는 여자의 형상이었다고 한다. 둘 다 바닷물 소금기에 절어서 그런지 머리털 색깔이 샛노랗더란다. 불쌍한 마음이 들어 박아놓은 소나무 사이에 설치한 그물을 끌러 깊은 바다 쪽으로 나가게 해주었단다. 그런데, 다음날 갔더니 평소보다 두세 배도 넘는 물고기가 통발이 찢어질 정도로 가득 들어차 있더라는 것이다. 아마도 자신들을 구해준 데 대한 은혜를 갚으려고, 물고기를 그물 쪽으로 몰아주었을 거라고 하더란다.

어릴 적 이 이야기를 엄마에게서 실감 나게 몇 번 들었다. 이따금 동네 어른들이 그 살집 할아버지의 목격담을 주고받는 걸 옆에서 들은 적도 있다. 동네 사람들은, 그 신기한 생물이 바닷물 속에 살아가는 '물사람(인어)'들일 거라고 했다. 동네 사람들은 바다에 인어가 살고 있는 걸 이미 알고 있는 듯이 말했다. 얼마 전 동화 인어공주를 읽은 적이 있는 터라, 나는 그 말이 더욱더 사실이라고 믿게 되었다. 우리 동네 바다에도 인어가 살고 있구나, 하며 마음속으로 신기해했다. 게를 잡으러 바구니를 들고 갯벌에 들어가 돌아다니다 살을 매어놓은 곳에 다가가게 되면 그 인어같이 생겼다는 물사람이 혹시 그물에 걸려 있지는 않은지 흘끔흘끔 쳐다보기도 했다.

둑으로 가로막혀 바닷물이 끊길 때 신비하고 아름다운 이야기 하나를 남겨놓고 그 '물사람(무사람)'들은 다 어디로 갔을까?

2부 — 마음에 새겨진 유년의 풍경

우리가 사랑한
야생의 풀밭과 산야

1960년대 시골에서 태어나 70년대 성장기였던 대부분의 아이들은 뱃속이 늘 헛헛했다. 먹을거리가 부족했기 때문이었다. 군것질이라는 말은 알지도 못했고 상상하기도 어려운 환경이었다. 하지만 호기심이 넘치는 우리는 산과 바다, 들로 거침없이 돌아다니며 놀았다. 따라서 배는 더욱 고플 수밖에 없었다. 풀밭과 산야를 돌아다니며 놀다가 먹을 수 있는 식물이 자라고 있으면 그 자리에서 바로 채취해서 먹었다. 단맛이 조금이라도 녹아있는 풀과 열매 종류였다. 그 시절, 우리는 먹을 수 있는 것과, 먹으면 안 되는 것을 명확하게 구분할 줄 알았다.

♣ 봄

봄기운이 들녘에 스미면 온갖가지 풀이 돋아난다. 그 가운데 우리의 심심풀이를 달래주던 흔해 터진 풀이 삘기였다. 우리 동네에서는 '삐비'라고 불렀고,

✤ 물큰한 향기를 뿜으며 허공의 당도를 높이는 늦봄에 흐드러지게 피어나는 하얀 꽃이 찔레꽃이다.
하지만 우리는 그 향기로운 꽃보다 덩굴 아래 그늘 속에서 야들야들하게 돋아나는 찔레순에 더 눈길을 둔다. 새순의 줄기는 쉽게 부러진다.

다 자라는 가을이면 베어 말려 소 여물 거리로 썼다. 하지만 봄에 연하게 돋아나는 삘기는 단연 어린 우리들의 몫이었다. 벼의 배동받이처럼 줄기 속에 이삭이 들어 있을 때 뽑아서 먹었다. 하얗고 연한 속살을 씹으면 연하고 달곰한 맛이 났다. 섬유질이 있어 여러 개를 씹으면 껌같이 오래 씹을 수 있다. 산에서는 솟아난 줄기에 시커먼 가루가 붙어 있는 '굴뚝삐비'라고 부르는 풀도 있었다. 그 줄기를 뽑아 입술에 대고 쓱 훑으며 빨아먹으면, 까만 가루가 온통 입 주위에 묻었다. 서로 손가락질하며 깔깔거렸다.

아카시아꽃 필 무렵이면 물기가 많은 계곡 옆이나 둑에 '셩'이라고 부르는 넓적한 잎사귀가 여러 개 달린 풀인 수영(싱아)이 돋아났다. 줄기를 꺾어 껍질을 벗겨 먹으면 새콤한 맛과 약간의 단맛이 났다. 줄기가 굵어 간식거리로는 넉넉해서, 셩을 발견하면 이리저리 돌아다닐 필요가 없었다. 소설가 박완서의 '그 많던 싱아는 누가 다 먹었을까'에 등장하는 여러해살이풀이다.

들큰한 향기를 뿜으며 '허공의 당도'를 높이는 늦봄에 흐드러지게 피어나는 하얀 꽃이 찔레꽃이다. 하지만 우리는 그 향기로운 꽃보다 덩굴 아래 그늘 속에서 야들야들하게 돋아나는 찔레순에 더 눈길을 둔다. 새순의 줄기는 쉽게 부러진다. 식감은 부드럽고 달달한 맛이 났다. 가끔 그 속에 숨어 있던 뱀이 나타나 놀라기도 하지만 순을 꺾는 손은 멈추지 않았다. 철조망같이 가시가 빽빽이 박힌 억센 덩굴도 새순일 때는 야들야들해서 아기 볼처럼 보드라웠다.

텃갈이나 평평한 들녘 어디에나 보라색 잎을 달고 있는 풀이 돋아났다. 속이 불편한 고양이가 뜯어 먹는다 해서 '괭이밥'이라 부른다고 한다. 씹으면 신맛이 강하지만, 약간의 단맛도 있어 오가며 자주 뜯어먹었다.

팝콘 터지듯 마당 가에 꽃을 다닥다닥 매달고 있다가 댓바람에 우수수 땅에 떨어진 감꽃도 우리들의 별식 가운데 하나였다. 그 자리에서 주워 먹기보다는 쑥쑥 자란 강아지풀의 이삭 줄기를 뽑아 가지런히 꿴 다음 돌아다니면서 하나씩 빼 먹기도 했다.

✿ 여름

바다를 끼고 있는 동네에서 사는 우리는 여름이면 가장 많이 놀러 가는 곳이 갯가였다. 특히 물이 많이 들어오는 사리 때 오후에는 사내아이들이 물놀이하러 백사장으로 몰려나왔다. 신나게 물놀이하다 보면 배가 고파진다. 이때 우리들은 허기를 달래줄 먹을거리가 있다는 걸 알고 있었다. 육지의 질경이와 닮은 '개셍'(갯질경이)이다. 개셍은 흙이 많이 섞인 갯벌 윗부분에 주로 자라는 염생식물 가운데 한 종류다. 드러난 잎사귀 주위를 손으로 파낸 다음 포기를 손에 쥐고 끙하는 소리와 함께 뽑아낸다. 중심 뿌리는 어른 손가락 크기였다. 잎사귀는 비틀어 버린 후, 바닷물에 뿌리를 헹군 다음 껍질을 벗겨내고 씹어 먹었다. 오래 씹으면 도라지 씹을 때처럼 고소했다.

떨어진 감꽃에 이어 장마가 끝날 무렵이면 이번에는 비바람에 시퍼런 땡감이 떨어져 여기저기 나뒹군다. 주워 모아 쌀뜨물에 굵은소금을 살짝 뿌리고 하룻밤 동안 담가놓는다. 어떨 때는 틉틉한 구정물에 담가 떫은맛을 우려내어 건져 먹었다. 다소 궁색하고 허저분하게 보이는 풍경일 수 있지만, 우리들의 헛헛한 기운을 채우는 데는 더없이 실팍한 먹을거리였다.

늦여름 텃밭이나 그 주변에 그악스럽게 돋아나 허공으로 치솟으며 자라는 명아주 아래에는 '봉지땅꼴'(땅꽈리)이 몇 포기씩 자라고 있다. 뿌리도 깊지 않아 어린아이들도 한 손으로 줄기를 잡아당기면 뽑힐 정도였다. 꽈리처럼 봉지에 싸인 열매를 다닥다닥 매달고 있다. 파랗던 봉지가 옅은 갈색으로 시든 게 익은 열매다. 봉지를 찢으면 그 속에 역시 완두콩보다 조금 큰 크기의 노랗게 익은 열매가 매달려 있다. 열매를 따내 입에 넣고 씹으면, 알맹이가 톡 터지며 달콤하고 진한 향기가 입안 가득 퍼졌다. 어른들은 명아주는 하나하나 착실하게 뽑아 밭두둑에 던졌지만, 잡초였던 봉지땅꼴은 우리를 위해 모른 척 놔두었다.

🍀 가을

"아이골래 땅꼴래, 땅꼴밭에 불났다! 아이골래 땅꼴래, 땅꼴밭에 불났다!"
주위에 친구가 한눈팔다 미끄러지는 등 곤경에 빠지면 이렇게 리듬에 맞춰 장난치며 놀렸다. '땅꼴'이라고 부르던 까마중은 팥알 크기에 동자승 머리통처럼 동글동글하다. 열매가 녹색에서 새까만 색으로 변하며 익는다. 한 꼭지에 여러 개 열매가 다닥다닥 매달려 있어 손으로 훑어 먹는 재미가 여간 아니었다. 자생력도 강해 웬만한 땅에서도 잘 자라며 늦가을까지 열매를 왕성하게 매단다. 이러니 감나무 밑에 앉아 노랗게 익은 담뱃잎을 엮는 어른들에게는 심드렁한 일이겠지만, 땅꼴이 익어가는 곳을 각자 점 찍어두고 틈나는 대로 확인하며 드나드는 아이들에게는 '땅꼴밭에 불이 났다'는 건 큰일이 아닐 수 없었다.

여름이 시작되면서 갯가 둑에는 붉은 천을 길게 널어놓은 듯 해당화가 지천으로 피어났다. 농염한 자태에다 알싸한 향기를 뿜어내므로 다가가 꽃에 코를 박고 숨을 길게 들이마시면 살짝 황홀함에 빠진다. 여름이 깊어지면 꽃이 진 자리마다 열매가 맺혀 커진다. 꽹과리를 엎어 놓은 듯이 둥글넓적한 생김새 때문에 '꽹마람'이라고 불렀다. 푸른색에서 노란색이다가 완전히 익으면 빨간색으로 변한다. 껍질이 만질만질한 열매는 초가을 햇살을 받으며 고혹적으로 빛났다. 성인 남자가 엄지와 검지 끝을 동그랗게 붙였을 때 크기다. 어린아이들에게는 큰 열매에 해당했다. 그 둥글넓적한 열매를 따내어 반으로 가른다. 과육 속에 씨앗을 감싸고 있는 껄끄러운 털을 없애야 안심하고 먹을 수 있다. 과육 속에 꽉 찬 털을 손톱으로 긁어낸 다음, 입김을 두세 번 후후 소리 나게 불어 잔털을 없애고 입에 쏙 넣고 씹는다. 아삭거리는 식감과 새콤달콤한 과즙에 입안이 싱그러워지고, 눈이 살짝 감긴다. 얼추 열 개 정도 따서 씹어먹으면 어느새 허기가 사라졌다. 날이 지날수록 탱탱하던 과육이 말랑하게 변하지만, 달콤한 맛과 향기는 더욱 진해졌다.

동네 야산이나 연못 둑에 박혀 자라는 개암나무에 열매가 익어간다. 익은 알맹이는 쥐밤보다 조금 작고 매끈하며 동그랗다. 이 열매를 '개양'이라 불렀다. 탄력 있고 단단한 껍데기를 깨야 알맹이를 먹을 수 있다. 보통 이로 껍데기를 깨고 먹는다. 이때 도깨비가 놀라 방망이까지 놓고 도망가게 했다는, 그

우명한 '와그작'하는 소리가 난다. 이가 약한 아이들은 근처 땅에 있는 작은 돌멩이로 껍데기를 깨고 알맹이를 꺼내 먹었다. 진한 고소한 맛이 났다.

알밤이 익어 땅에 떨어질 무렵, 우리 지방에서 가장 높은 도비산에는 군락을 이룬 '뽀루수'(야생 보리수) 나무마다 빨갛게 익은 열매들이 가지가 휘어질 정도로 매달려 있었다. 먼 곳에서 바라보면 마치 단풍이 든 것 같았다. 우리는 도비산 중턱으로 올라가 알밤을 줍다가 빨갛게 익은 열매를 손으로 훑어 우적우적 씹어 먹었다. 팥알 같은 크기와 생김새다. 시큼한 씨까지 씹는 바람에 이가 온통 신맛에 얼먹는다. 저녁에 돌아와 마주한 밥상 앞에서 물에 말은 밥알도 시큰거려 씹을 수 없을 정도였다. 우뚝우뚝 서 있는 소나무 사이에 우리가 팔을 뻗을 만한 높이로 정금나무들이 자라고 있었다. 정금나무 열매는 팥알보다 약간 크며 동그란 모양이다. 녹색에서 빨간색으로 변한다. 완전히 익으면 검은색이 된다. 맛은 블루베리처럼 새콤달콤했다. 정금나무 주위에는 맛과 향이 진한 노란 '오이꽃버섯'(꾀꼬리버섯)이 여기저기서 피어나고 있었다. 바구니를 들고 야산으로 오이꽃버섯을 따러 가면 으레껏 맛보는 열매였다.

가을이 깊어질수록 갯가에 사는 우리는 윗마을 끝에 솟아있는 도비산을 자주 올랐다. 여러 가지 열매들이 익어 있다는 걸 알기 때문이다. 우리 동네에서 도비산을 오르려면 중턱에 떡갈나무가 무성한 '철쟁이고개'를 넘어야 한다. 그런데 철쟁이고개에는 무성한 머루 덩굴에 새까맣게 익은 머루 송이가 주렁주렁 매달려 있어 도비산까지 넘어가지 못할 때가 많았다. 아무리 따 먹어도 그 양이 줄지 않는 듯했다. 양껏 먹고 나면 입 주위는 시뻘겋게 물들어 있다. 물을 벌컥벌컥 들이킨 듯 배가 뽈록해지며 기분이 흐뭇해졌다.

❧ 겨울

겨울이 찾아오면 야생의 풀밭도 수북하게 쌓인 눈을 덮고 깊은 잠에 빠졌다. 간식거리를 찾을 수 없는 우리는 고구마를 담아 둔 가마니가 있는 뒷방을 '풀방구리 쥐 드나들 듯' 한다. 삶아서도 먹고 구워서도 먹었다. 냉기 가득한 겨울밤이면 마루에 몇 개 내놨다가 한참 뒤에 방으로 들여와 깎아 먹으면, 살짝 얼어 있어 무처럼 아삭하고 상큼한 맛이 났다. 그렇게 겨울을 따라가다 땅이 풀리는 끝자락이면, 어우렁더우렁 삽과 괭이 등을 챙겨 도비산 중턱으로 칡을 캐러 갔다. 얕게 뿌리 내린 일년생 '애기칡'이 지천이다. 껍질을 벗기면 뽀얀 살이 통통하게 박혀 있다. 손으로 꺾어도 엿가락처럼 쉽게 부러진다. 씹으면 달콤하고 싱그러운 즙이 입안에 가득 찼다. 깊이 박힌 어른 장딴지 크기의 늙은 칡도 가끔 캤다. 그걸 우리는 '구등걸'이라고 불렀다.

칡뿌리 캘 때가 지나 봄머리 볕바른 날이 되면, 우리가 사랑하는 야생의 풀밭과 산야는 아스라한 아지랑이와 함께 기지개를 켜며 새싹을 틔울 준비를 하고 있었다. 자연과 동화되어 살아가던 우리에게 야생의 풀밭과 산야는, 이렇게 철마다 먹을거리를 아낌없이 내어주며 우리의 몸과 마음을 해마다 한 뼘씩 커가게 했다.

고소한
돌 소리

우리 고장의 역사와 문화를 연구하는 이가, 노인이 볏짚으로 돗자리를 매는 모습을 찍은 사진을 보내며 돗자리를 묶는 긴 줄에 매달린 돌 이름이 궁금하다고 한다. 보내 준 사진을 들여다보니 생각이 날 듯 날 듯했다. 이리저리 생각을 공굴리다 문득, 사진에 담긴 풍경과 비슷한 어릴 적 풍경이 떠오르며 곧바로 돌 이름이 생각났다. 저 돌들이 서로 부딪히며 내는 소리가 오롯이 되살아났기 때문이다.

여섯 살 때일 것이다. 그곳에서 여섯 살 때까지 살다 멀찍감치 떨어진 건너편에 새로 집을 짓고 이사했으니까. 초가집이던 우리 집 위쪽 가까이에 우리 집보다 규모가 큰 기와집이 한 채 있었다. 그 윗집 할아버지는 겨울철과 비가 내리는 날 이외에는 거의 날마다 마당에 나와 왕골 돗자리를 맸다. 우리와 같은 종씨였고 먼 친척뻘인 분이었다.

마당 가에 자라는 커다란 감나무 밑에 멍석을 깔고 그 위에 설치한 자리틀 앞에서 장수하늘소 더듬이 움직이듯 느릿느릿하지만, 한결같은 속도로 손을 움직이며 돗자리를 맸다. 집 아래 널찍한 늪에 기른 왕골을 옆에 수북하게 쌓아 놓고, 내 주먹보다 조금 큰 여러 개의 돌에 줄을 감아 자리틀에 늘어뜨리고 앞뒤로 번갈아 옮겨가며 묶는 동작을 되풀이하고 있었다.

　아침에 집을 나와 놀러 가다 흘끔 바라보면 자리틀에는 왕골 돗자리가 봄에 돋아나는 새잎같이 한 뼘쯤 나와 있다. 종일 여기저기 놀다 그림자가 길어지는 오후가 되어 집으로 돌아오다 보면, 개켜진 이불처럼 정갈하면서도 치렁치렁하게 왕골 돗자리가 완성되고 있었다. 어린 마음에도 우와, 하는 감탄사가 절로 솟아 나오며, 걸음을 멈추고 할아버지가 놀리는 손동작을 한참 동안 바라보곤 했다.

　바깥쪽으로 돌을 넘기고 바깥쪽 다른 돌을 안쪽으로 옮기면서 새로 덧댄 왕골을 단단하게 동여매며 돗자리 크기를 키워 나간다. 그 일은 단순한 듯 보이지만 세밀한 안목과 집중력은 물론 오랜 시간을 한곳에 앉아 있어야 하므로 인내심이 있어야 가능했다.
　친구들이 사는 집으로 놀러 가려면 윗집 아래에 난 길로 가야 했으므로 할아버지가 왕골을 옆에 쌓아 놓고 돗자리를 매는 모습을 늘 무심하게 보며 지나쳤다. 어떨 때는 그 집 안으로 들어가 놀 때도 있었다. 우리와 먼 집안이라서 '아지매'라고 부르는, 나보다 6살 많은 할아버지의 막내딸이 웃는 얼굴로 다정하게 반겨주기 때문이었다. 언젠가 엄마에게 꾸중을 듣고 기분이 우

✦ 마당 가에 자라는 커다란 감나무 밑에 멍석을 깔고 그 위에 설치한 자리틀 앞에서
장수하늘소 더듬이 움직이듯 느릿느릿하지만, 한결같은 속도로 손을 움직이며 돗자리를 맸다.

마음에 새겨진 유년의 풍경

글쭈글해져 밖에서 혼자 맴돌고 있었다. 마당에 나와 있던 그 아지매가 그런 나를 보고 손짓을 하며 불렀다. 비칠비칠 다가갔더니 내 어깨를 툭툭 치며 눈깔사탕 한 개를 호주머니에서 꺼내 입에 넣어주었다. 순간 나는 바람을 빵빵하게 넣어 통통 튀는 축구공처럼 기분이 홍감해졌다.

윗집으로 들어가다 마당가 감나무 밑에서 돗자리를 매는 할아버지 곁으로 다가가 구경할 때도 있었다. 인사성 하나는 괜찮았던 나는 "할아버지 안녕하슈!"라고 인사를 건넸다. 그때마다 할아버지는 고개를 돌리지 않은 채, 돌을 앞뒤로 옮기면서, "오냐. 옴마 말 점 잘 들어, 잉" 하고 대꾸했다. 그런데 그 단순하고 지루하게 느껴지는 풍경 가운데 돌을 옮길 때마다 돌들이 부딪히며 '또그락 또그락' 내는 소리는 막내 아지매의 목소리처럼 정겨웠다. 줄에 매달린 돌들은 냇가의 자갈처럼 매끈했다. 앞뒤로 돌을 옮기며 왕골을 묶는 동작을 되풀이하다 보면, 돌들이 가볍게 부딪히는 소리는 마치 잘 익은 개암 열매 깨는 소리같이 고소하게 느껴지기도 했다. 그 돌이 내던 소리를 떠올리니 고드랫돌이라는 이름이 퍼뜩 떠올랐던 것이다.

내가 고등학생이었을 때 그 할아버지는 세상을 떠났다. 언젠가 그분에 대해 부모님이 얘기하는 걸 들은 적이 있다. 그분은 원래 술도 좋아하고 흥도 많아 사람들과 어울리기를 좋아했다고 한다. 그분이 왕골 짜기에 매달린 건, 할아버지의 막내딸이 3살 때 할머니가 병으로 돌아가신 이후부터라고 한다. 언젠가 아버지가 오일장에 갔다 돌아오며 보니 그 할아버지가 우리 동네 초입에 있는 당재에서 술에 잔뜩 취해서 통곡하고 계시더란다. 아버지는 그런

할아버지를 부축하여 집으로 모셔다드리며 왜 그러시냐고 물어보니 한탄하듯 이렇게 말씀하셨다고 한다. 졸지에 엄마를 잃은 딸이 아장아장 걷는 모습을 보니 마음이 녹아내리는 것 같아, 앞으로 술을 마시지 않고 딸을 위해 신경 쓰기로 결심했다고 한다. 그래도 이제까지 마시며 즐긴 술에 미련이 남을까 봐 마지막으로 오일장에 가서 친구들과 어울려 원 없이 마시고 오는 길인데, 갑자기 서러워져 울음이 터졌다고 하더란다. 그 이후로 윗집 할아버지는 술을 입에 대지 않았고, 집 아래 늪에 왕골을 심어 돗자리 매는 일에 집중하셨다고 한다.

그 당시 왕골 돗자리는 값나가고 인기 있는 생필품이었다. 걸어서 20분 거리어 '톳골'이라고 부르던 면 소재지에는 오일장이 열렸다. 거기에 내놓으면 금세 팔리니 농사일을 감당하기에 버거운 나이가 된 할아버지에게 왕골 돗자리 짜기는 가계에 많은 도움이 됐다고 한다. 또한 눈깔사탕을 사 먹으라고 어린 딸의 손에 흔쾌히 용돈을 쥐어주며 흐뭇해 했을 것이다.

불현듯 그 고소하게 느껴지던 고드랫돌 소리와 그 돌소리를 내며 왕골 돗자리를 짜던 할아버지와, 눈깔사탕을 건네던 아지매의 모습이 그리워진다.

꿩 잡던
사람

"꿩, 꿩."
장끼라고 부르는 수꿩이 우리 집 근처 야산에서 목이 쉰 듯한 고음으로 울어 댄다. 딱 두 음절로 운다.

"꿩, 꿩."
건너편 동네 작은 숲에서 다른 장끼가 화답하듯 우짖는 소리가 들린다. 어릴 적 백사장으로 물이 밀려올 때 바다로 놀러 가자고 건너편에 사는 친구들을 부를 때 친구들이 화답하는 소리처럼 들리지만, 사실은 자신의 영역을 알리며 침범하지 말라는 경고음일 것이다. 암꿩인 까투리는 소리 내서 울지 않는다. 하지만 수꿩이 우는 근처에 있을 것이다. 알을 낳고 새끼를 기르기 위해 짝짓기를 하는 계절이기 때문이다.

북향인 우리 집은 동네와 다소 외떨어져 있다. 집 뒤편에는 소나무들이 우뚝우뚝 자라나 있고, 그 아래에는 떡갈나무를 비롯한 참나무 종류와 싸리나무, 개암나무, 청미래덩굴 등의 나무들이 소나무를 떠받치듯 무성하게 자라고 있는 야산이 펼쳐져 있다. 집 모퉁이에 서 있다가 야산 쪽에서 수꿩이 우는 소리에 고개를 돌렸다. 그런데 잠시 후 건너편 동네 숲에서 대답하듯 수꿩 소리가 들린다. 이번에는 그쪽으로 고개를 돌린다. 그러다 보니 문득 저 꿩들에게 매와 같았던 사람 하나가 떠올랐다. 사람에게는 이른바 저승사자에 해당하는 존재일지도 모른다. 지금은 발밑을 지나는 벌레도 밟지 않으려는 듯 느릿한 걸음으로 조심하며 오가는 큰아버지가 바로 그였다.

웃마을에 사는 큰아버지는 눈이 푸지게 내리는 겨울철 내내 꿩을 잡는 일에 골똘했다. 바다를 끼고 있는 동네에 자리한 우리 집과는 달리 큰집은 우리 지방에서 가장 큰 산인 도비산 자락 아래 산골 동네에 있었다. 따라서 꿩 같은 야생 조류가 서식하기 더없이 좋은 환경이었다. 부모님을 비롯해 자식 여럿을 건사해야 하는 큰아버지는 자연에서 번성하는 꿩을 잡는 일은, 긴 겨울을 나기 위한 중요한 방편이기도 했다. 그 시절 보통의 시골 살림에서는 제사 때 아니면 고기반찬은 엄두도 내지 못했다. 그런데 큰집 주변 숲에서 꿩이 번성하는 풍경은, 그야말로 '꿩 대신 닭'이 아니라 모이를 주며 신경 써서 길러야 하는 '닭 대신 꿩'이라는 말이 더 어울릴 법했다. 큰아버지의 꿩 사냥은 내가 중학교 다닐 무렵까지 이어졌다.

그분의 꿩 잡는 솜씨는 참매가 아저씨라고 부를 정도로 출중했다. 초등학교 시절 겨울방학이 되면 이웃 마을에 있는 큰집에 종종 놀러 가곤 했다. 그때마다 큰아버지는 가운데 방에서 등잔불 아래에 밥상을 놓고 고개를 숙이고 무슨 일에 몰두하고 있었다. 밥상 위에는 작고 하얀 사기그릇에 푸른빛이 감도는 가루와 밤콩 한주먹이 담겨 있고, 한 뼘 정도 되는 꺼진 초가 세워져 있었다. 방 안으로 들어가 인사를 해도 돌아보지 않은 채 건성으로 짧게 대답했다. 왼손에는 노르스름한 밤콩을 집어 들고 오른손 엄지와 검지로는 짧고 날카로운 쇠꼬챙이를 잡고 콩알의 속살을 파내고 있었다. 숨 쉬는 소리도 내지 않고 집중하는 큰아버지의 긴장한 기운은 방안을 가득 채웠다. 무슨 비밀리에 치르는 의식을 엿보는 듯한 느낌이 들기도 했다. 작업 내용을 알고 있는 내 또래의 사촌들은 큰아버지가 작업하는 방에는 드나들지 않고 다른 방에 모여 놀았다.

밤콩이 콩 가운데 가장 크다고는 하지만 어른 엄지손톱보다 작은 크기다. 그 속살을 정교하게 파내기 위한 꼬챙이는 작은 못을 망치로 납작하게 두드린 다음, 숫돌에 오랫동안 갈아 날카롭게 만든다. 하얀 바탕에 푸른빛을 내는 가루는 우리 지역에서 '싸이나'라고 부르는 독극물인 청산가리였다. 그 당시에는 농약을 파는 가게에서 쉽게 구입할 수 있었다고 한다. 속살을 파낸 콩 속에 속살을 파내던 도구로 청산가리 가루를 살짝 떠서 넣는다. 다음으로 꺼진 초 심지를 등잔불에 붙여 촛농을 떨어뜨려 콩의 입구를 메운다. 그 당시 시골에서 초를 켜서 어둠을 밝히는 집은 드물었다. 이렇게 콩 한 알을 꿩의 미끼로 바꾸는 과정은 대략 5분 정도 걸린다.

부모님을 비롯해 자식 여럿을 건사해야 하는 큰아버지는

자연에서 번성하는 꿩을 잡는 일은, 긴 겨울을 나기 위한 중요한 방편이기도 했다.

이 독극물이 담긴 콩을 천으로 만든 조그만 주머니에 넣고 꿩이 자주 찾는 장소에 한두 개씩 뿌려둔다. 대개 남향이어서 눈이 빨리 녹는 묘지 근처나 키가 작은 도토리나무 밑에 한두 개씩 뿌려 놓는다. 의심이 많고 예민한 녀석들이라 가을에 도리깨로 두드리고 남은 콩깍지를 독극물이 든 콩 주위에 자연스럽도록 흩뿌려 놓는다. 쌓인 눈 때문에 오랫동안 먹이를 찾지 못해 굶주린 꿩들이 이곳으로 와서 발톱으로 땅을 헤치다 콩을 발견하고는 집어삼키게 되는 것이다. '버걱'이라고 부르던 소나무 마른 껍질을 깔고 그 위에 콩을 놓고 주위에 왕겨를 뿌려 놓기도 한다. 그렇게 여러 곳에 뿌려 놓고 하루 정도 지나서 돌아보면 죽어 널브러진 꿩을 줍게 되는 것이다. 40도가 넘는 체온을 가진 꿩이 그 콩을 삼키면, 얼마후 촛농이 녹고 다음엔 청산가리가 흘러나와 꿩의 내장을 녹여 죽게 되는 것이다.

언젠가 겨울 아침, 다섯 마리 장끼의 목을 새끼줄에 묶어 눈을 털며 대문을 들어서는 큰아버지를 본 적도 있다. 그때, 집안은 활기가 일렁인다. 가마솥에 팔팔 물을 끓여 죽은 꿩을 담갔다가 털을 뽑고 내장을 훑어낸다. 다음으로 앞면에 날이 서 있고 뒤통수에는 망치처럼 못을 박을 수 있게 생긴 자귀라는 연장으로 널따란 도마에 꿩을 척 올려놓고 뼈째 탁탁 소리 나도록 다진다. 이 모습을 '족닥거린다'고 표현했다. 그렇게 다진 꿩고기를 큰 가마솥에 잘게 썬 김장 김치와 버무려 익혀 먹었다. 물의 양에 따라 찌개가 되기도 하고 볶음이 되기도 했다.

그런데 한 가지 이상한 점은, 죽은 꿩은 대부분 수꿩인 장끼였다는 것이다.

까투리도 더러 있기는 했지만 거의 장끼였다. 곰곰이 생각해 본다. 수컷은 털이 화려한데 특히 꼬리털이 길고 멋지다. 사람들은 그 수컷 꿩의 꼬리털로 장식할 정도로 매혹적이다. 이런 외양은 사람을 비롯한 매 같은 천적의 눈에 잘 뜨일 수밖에 없다. 또한 수컷은 급하고 억세다. 이에 비해 암컷은 수수한 털 색깔로 잘 드러나지 않는다. 먹을 것이 부족한 긴 겨울에 암컷은 억센 수컷에 밀려 먹이 경쟁에서 밀릴 것이다. 그러니 독극물이 든 콩을 먹고 죽는 것이 수컷이라는 건 어렵지 않은 짐작이다. 다가오는 봄에 알을 낳고 새끼를 까야 하는 까투리가 그렇게 죽는다면 꿩의 생태계는 어떻게 될 것인가? 화려한 자태를 가진 수컷은 천적의 시선을 끌며 암컷과 알과 어린 새끼를 보호하는 역할을 하고 있다는 생각이 든다. 자연 생태계의 관점에서 보면 장끼의 화려함과 억센 특성이 오히려 암컷과 새끼를 보호하는 것은 아닐까.

세월이 흐른 어느 해 설날 아침이다. 큰집에 가서 차례를 지내고 사랑방에 모였다. 큰아버지께 세배를 드린 다음 그 당시 꿩 잡던 이야기를 들려달라고 청했다. 이야기를 시작하는 큰아버지의 표정에 엷은 감회가 번지고 있었다. 뜨뜻한 온돌 사랑방 안에 모여 앉은 우리는, 옛날 일을 천천히 회고하는 큰아버지를 바라본다. 먹을 것이 부족한 긴 겨울 시골 살림을 감당하려 집중하며 발휘한 큰아버지의 노고는, 암컷과 어린 새끼를 보호하도록 생태적으로 설계된 수꿩의 희생과 닮았다는 생각이 들기도 했다.

민원아,
꿩알 주우러 가자!

초등학교 동기 단톡방에 민원이의 딸이 결혼한다는 청첩장이 올라왔다. 민원이는 어릴 적 나와 한동네에 살던 동갑내기 친구다. 어떻게 생겼나 사진을 확대해서 찬찬히 살펴보는데 나도 모르게 눈과 입꼬리가 저절로 올라가며 웃음이 지어진다.

1970년대 초등학생이던 나와 동네 동갑내기 친구 민원이는 학교에서 돌아오면 숙제보다 더 중요한 공통 관심사가 하나 있었다. 바로 5월의 야산을 돌아다니며 꿩 둥지를 찾아 알을 줍는 일이다. 발견만 한다면 가슴 벅차도록 오진 일임은 물론, 온 식구에게 칭찬받는 유일한(?) 기회이기도 했다.

소나무 숲 사이에 자라는 떡갈나무 같은 활엽수는 초가을부터 눈이 내리기 전까지 땔감을 하기 위해 낫으로 촘촘히 베어냈다. 하지만 이 활엽수들은 소나무와는 달리 생명력이 강해, 밑동만 남아도 봄이 되면 다시 잎을 틔우며 다보록하게 자라났다. 이렇게 땅에서 한 뼘 정도 자라 무성해진 떡갈나무 잎사귀 속에 꿩은 둥지를 틀고 알을 낳는 경우가 많았다.

햇살이 싱그러운 어느 날 오후였다. 나와 민원이는 다락논이 층층이 이어진 절골이라고 부르는 작은 계곡을 거슬러 올라갔다. 산에 들어가기 전에 또 한 번 나는 민원이에게 둥지를 누가 먼저 발견하더라도 알을 똑같이 나누어 갖기로 한 약속을 확인했다. 아까 우리 집 마당에서 만났을 때도 민원이에게 이렇게 제안했다. 녀석은 너무나 당연한 얘기를 새삼스레 왜 또 꺼내느냐는 듯한 표정으로 동의했다. 나는 진지했고, 녀석은 시큰둥했다.

절골의 야산은 동네와 멀리 떨어져 있어 혼자 돌아다니기엔 지나치게 적요하고 약간은 꺼림직한 공간이었다. 아주 옛날에 이 산골에 절이 있었는데, 빈대가 너무 극성을 부려 절을 불살라버리고 사람들이 떠났다고 한다. 수십 년이 지났지만 돌을 들추면 아직도 빈대가 죽지 않고 바위 밑에 살아 있더라는 말을 들은 적이 있다. 우리 같은 어린아이들에게 스산한 상상력을 불어넣는 이야기였다. 그래서 이곳은 나 혼자서는 거의 오지 않았다.

산으로 올라가려면 산꼭대기부터 흘러 바다까지 이어지는 다락논 옆의 작은 개울을 건너야 한다. 산이 시작되는 곳은 야트막하게 경사진 비탈이다. 이 비탈은 황토색으로 헐벗어 있었고, 커다란 아카시나무들이 굵은 뿌리를 드러내놓고 비스듬하게 서 있었다. 몸집이 투실투실한데도 민원이는 능숙하게 개울을 건너 비탈을 올랐다. 뒤따라가던 나는 개울물에 젖은 고무신 바닥이 미끄러워 넘어지며 굵은 아카시나무 뿌리에 머리를 부딪혔다. 순간 아찔했다. 이때 재빨리 머릿속으로 구구단 7단을 외웠다. 2학년 때 구구단을 외우고 난 이후부터 생긴 버릇이다. 머리가 단단한 것에 부딪히면 그 충격으로 머리가 나빠진다고 여기고 있었기 때문이다. 이전에 몇 번인가 넘어졌을 때도 상처를 확인하기보다 구구단을 외우는 것이 우선이었다. 머리가 나빠지면 큰일이라는 생각에서였다. 그러면서 구구단 가운데 가장 외우기 어려웠던 7단을 외워보는 것이다. 걸림이 없이 매끄럽게 외워지면 나 스스로 안도하고 가던 길을 유유히 가곤 했다. 그럴라치면 통증도 어느덧 사라진다. 다행히 7단은 무리 없이 외워졌다. 안도하며 일어서 바지에 흙을 털고 비탈을 오르려는데, 민원이는 그러고 있는 나를 물끄러미 내려다보고 있었다. 순간 왠지 모를 열패감이 들었다.

야산에 들어가니 이웃 동네 봉락리로 넘어가는 작은 길이 희미하게 나 있었다. 그 길을 따라 호흡을 가다듬고 좌우로 천천히 고개를 돌리며 꿩알이 담긴 둥지가 있는지 살피며 걸어가고 있었다. 꿩이 알을 무더기로 낳아 놓은 둥지를 발견하기가 여간 어려운 게 아니었다. 떡갈나무 잎과 아주 비슷한 보호색으로 위장하고 있어 가까이 있는데도 그냥 지나치기 일쑤였다. 나중에 어른들에게 들은 소리인데, 꿩은 사람이 다니는 길 근처에 둥지를 만들고 알을 낳는다는 것이다. 이유는 잘 모르지만 여하튼 그렇다고 한다. 이리저리 생각해 보니 사람보다 더 위험한 천적을 피하기 위해서일 거라는 결론에 이르렀다. 그때쯤이면 오랜 겨울잠에서 깨어난 허기진 뱀들이 바닥에 둥지를 틀고 낳아 놓은 알들을 어렵지 않게 찾아 삼킬 것이기 때문이다. 어쩌면 사람이 지나가며 뱀을 쫓아내는 역할을 하는 것인지도 모른다. 위장만 잘하면 사람의 눈을 속이기가 뱀을 비롯한 천적 보다 훨씬 수월한 것은 분명했다.

한동안 좁게 난 숲길을 살피며 몇 발짝 앞서가던 민원이가 갑자기 "악", 하고 소리를 지르더니 앞으로 엎어졌다. 놀란 나는 재빨리 민원이에게 다가갔다. 민원이는 숨을 거칠게 몰아쉬고 있었다. 그러더니 나를 휙 올려다보며,

"야, 이거 내 꺼여. 근딜지 마."
이러는 게 아닌가. 자세히 살피니, 어미 꿩이 알을 품고 있듯 엎드린 채로 꿩 둥지를 껴안고 있었다. 그야말로 우리가 그렇게 설레며 기대하고 있던 장면을 만난 것이다. 녀석은 곧바로 일어나 무릎을 꿇더니, 손을 벌벌 떨면서 웃옷 자락을 접어 꿩알을 담기 시작했다. 이렇게 신기함에 젖어 하염없이 구경만 하고 있으면 안 된다는 생각이 퍼뜩 스쳤다. 꿩알은 무려 15개나 되었다. 둥지에 담긴 꿩알을 하나씩 집어 옷자락에 주워 담는 민원이에게 나는 을러대기 시작했다. '아까 몇 번이나 약속하지 않았느냐. 그 약속을 지켜라.' 이렇게 집요하게 주장했다. 협박하기 위해 '꼬약거리며'(혼자 시끄럽게 소리지름) 그때까지 알고 있는 욕을 몽땅 동원했음은 물론이다.

내 주장이 매우 거센 데다 논리의 아귀가 딱 맞아떨어졌으므로 민원이는 마지못해 꿩알 한 개를 내게 내밀었다. 나는 잽싸게 받아 들고 이번에는 목소리를 낮추며 구슬렸다. '네가 먼저 발견했으니 8개는 네가 가져라. 나는 7개로

✦ 내가 어떤 욕을 하며 물리력을 가한다 해도 전혀 흔들리지 않겠다는 결연한 표정에 나는 멈칫했다. 그러더니 나를 앞질러 자기 집 쪽으로 난 논둑길로 들어서 꿩알이 가득 담긴 옷자락을 출렁거리며 부리나케 가고 있었다.

만족하겠다'고 말이다. 그 말을 들은 민원이는 나와 눈도 마주치지 않고 여전히 덜덜 떨리는 손으로 또 한 개를 건넨다. 그럼 그렇지, 하며 마음이 누그러지려는데, 이제는 벌떡 일어난다. 표정이 단호하게 바뀌었다. 내가 어떤 욕을 하며 물리력을 가한다 해도 전혀 흔들리지 않겠다는 결연한 표정에 나는 멈칫했다. 그러더니 나를 앞질러 자기 집 쪽으로 난 논둑길로 들어서 꿩알이 가득 담긴 옷자락을 출렁거리며 부리나케 가고 있었다. 그걸 보니 더 이상 어떻게 해야 할지 생각나지 않았다. 멀어지는 민원이의 뒷모습을 망연히 바라보다 양손에 하나씩 쥐어진 꿩알을 바라보니 새삼 신기했다. 한참 동안 만지작거리며 살펴보다가 집으로 돌아와 광에 있는 쌀독에 묻어두었다.

딸내미는 민원이의 모습을 닮아 야무지게 생겼다. 오래전 경기도 어느 도시로 이사한 민원이는 우리의 어릴 적 이 일을 기억하고 있을까? 딸내미의 결혼을 축하한다는 말을 전하면서 한번 확인해 볼 생각이다. 그리고 전화 끊기 전에 넌지시 이렇게 제안하려고 한다.

"민원아, 우리 더 늦기 전에 절골로 꿩알 주스러(주우러) 가볼까나. 알을 똑같이 나누는 건 너무나 당연하니까 굳이 약속 안 해도 되지? 근데 너는 고향 떠난 지 오래돼서 절골이 낯설어졌을 거야. 그러니 이번 산길 갈 때는 내가 앞장설게. 맘 푹 놓고 너는 내 뒤를 따라오기만 하면 돼."

가뭄과
아버지

"아베, 여기 좀 파 봐유."
엄마가 다급하게 아버지를 부른다. 어린 시절 부모님은 서로를 '아베'와 '오메'로 불렀다.

　초등학교 2학년 초여름 날의 풍경으로 기억한다. 모내기하고 한 달쯤 지난 뒤부터 지독한 가뭄이 끝 모르게 이어지고 있었다. 저녁을 먹고 난 후 나와 여동생은 부모님을 따라 다락논이 층층이 박혀 있는 절골 개울로 나갔다. 아버지는 물기가 바짝 마른 작은 개울 바닥을 옮겨가며 삽으로 깊숙하게 파 놓았다. 엄마와 나 그리고 여동생은 구덩이에 고인 물을 양동이에 퍼담아 둑 너머에 있는 논에 쏟아붓기를 되풀이했다. 유아인 여동생은 내가 하는 행동을 흉내 내고 있었다. 1970년대 등잔불을 밝히며 문명의 끄트머리에 살던 우리 집 논은 절골 천수답 몇 마지기가 전부였다.

저수지 바닥도 바짝 말라 사람이 들어가 걸어 다닐 정도였다. 아침에 학교에 가다 보면 어린 벼들은 꼿꼿하게 잎을 세우고 있다. 어떤 날은 이슬도 맺혀 있었다. 하지만 학교에서 집에 돌아올 때는 강렬한 햇볕에 논바닥은 망치로 두들겨 맞은 도자기 조각처럼 갈라져 있고, 갈라진 틈에 어린 벼들의 하얀 뿌리가 보였고, 허리는 푹 꺾여 있었다. 온 산하는 열기의 공포에 덮여 있었다. 며칠 더 비가 내리지 않는다면 그해 농사는 작파하게 될 것이다. 기나긴 가뭄에 절골 천수답에 심어진 벼 포기들은 천적이 한낮의 뜨거운 햇볕에 이렇게 무방비로 드러나 있었다.

아버지는 부지런히 삽으로 냇물 바닥을 깊숙하고 넓게 판 뒤, 몇 걸음 옮겨서 또 구덩이를 팠다. 물이 흐르던 곳이라 어느 정도 파내려 가면 물이 고인다. 그 물이 얼마나 곰살스럽게 느껴졌는지 모른다. 조그만 바가지로 웅덩이에 고인 물을 양동이에 담아 논 가장자리부터 부어주었다. 열댓 포기가 박혀 있는 면적의 논바닥을 적신다. 물에 젖지 않은 옆에 박힌 벼들이 아우성치는 듯했다. 어느덧 둥그스름한 달이 산기슭 위에 떠올라 있었다. 손을 뻗으면 닿을 듯한 달은 하얗게 질려 있었다.

다음 날 오후였다. 우리 집과는 좀 떨어진 곳에 사는 아버지의 친구가 찾아왔다. 그분은 선친으로부터 물려받은 땅이 많아 규모 있는 살림을 갖추고 있었다. 대개 이런 경우에는 손님을 집 안에 들여 소박하게나마 먹을거리를 대접하며 마루에 앉아 이야기를 주고받는 게 보통이었다. 하지만 그분은 집 안으로 들어오지 않고 마당 위쪽 소를 묶어 놓은 '마지' 근처에 아버지와 나란히 쭈그리고 앉았다. 아버지 표정을 살피니 어색하고 곤혹스러운 기색이 역력했다.

그분의 논은 우리 논 바로 위에 있었다. 그런데 그분의 논은 평상시에도 물이 솟는 수렁논인 데다, 논 가장자리에 작은 둠벙이 있어 이번 가뭄에도 잘박거릴 정도로 물이 깔려 있었다. 어린 마음에도 아버지는 친구의 웃 논 물꼬를 터 우리 논에 물을 댔을 거라는 짐작을 했다. 또한 그분이 왜 아버지를 찾아왔는지를 금세 알아차릴 수 있었다. 아버지의 행위는 들통이 안 날래야 안 날 수가 없었다. 바싹 말라 갈라진 땅에는 위 논에서 흘러든 물의 흔적이 너무나 또렷하게 남아 있었을 것이기 때문이다.

그분은 아버지를 바라보지도 않고 시선을 앞에 둔 채 아버지에게 무슨 말을 하고 있었다. 굵은 저음이라 웅얼웅얼하는 소리만 들릴 뿐 자세한 내용을 알 수 없었다. 아버지는 고개를 숙인 채 두 손을 깍지 끼기도 하다가 깍지를 풀고 오른손으로 왼손 등을 주무르는 동작을 되풀이하고 있었다.

나는 무언가 불안한 느낌이 뭉클 솟아올랐다. 아버지는 잘못을 지적당해 교탁 앞으로 불려 나간 아이처럼 당신의 친구가 하는 말을 묵묵히 듣고만 있었다. 평소 두 사람의 친밀하게 지내는 것을 아는 나는, 그 모습이 의아하고 낯설게 느껴졌다. 굴뚝 근처 그늘진 밤나무 곁에 서서 그 모습을 지켜보고 있었다. 엄마도 그들의 사이에 끼어들지 못하고 담장 근처에서 흘끔흘끔 쳐다보며 서성거리고 있었다.

한참 후 이야기가 끝났는지 일어나 엉덩이를 툭툭 털며 친구 아버지는 좀 더 높아진 목소리로 명토 박는 듯한 소리가 들려왔다. 그 소리는 밤나무 아래에 있는 나에게도 분명하게 들렸다.

"내가 물이 많으면 자네한테 안 주겠나? 자네가 이러면 우리두 못 먹구, 자네 네도 못 먹는 거여, 이러지 말어. 이런 식이면 앞으로 곤란혀."

여전히 아버지는 아무런 대꾸가 없었다. '조심혀서 들어가슈, 잉.' 목소리를 높여 건네는 특유한 엄마의 인사말도 없었다. 나는 부모의 침묵에 짓눌려 밤나무 그늘 속에서 한참 동안 나오지 못하고 서 있었다. 밤나무에 몸을 살짝 기대고 한 손으로 둥치를 껴안았다. 뜨거운 날에도 밤나무 껍질은 서늘하고 부드럽고 매끈했다. 한동안 앉아 있던 아버지는 마당을 질러 걸어가다 서 있는 나를 흘끔 쳐다보고는 집 안으로 들어갔다.

비는 몇 날을 두고도 내리지 않고 태양은 더욱 이글거렸다. 부모님은 웃음을 잃고 자꾸만 하늘을 올려다보며 한숨지었다. 며칠 전 개울 웅덩이에서 물을 퍼다 부어주었을 때, 목젖을 움직이며 꿀꺽이는 듯한 어린 벼들의 모습이 문득문득 떠오르곤 했다. 질긴 줄에 몸이 감긴 것 같은 갑갑증이 일기도 했다.

"어허, 세상에 죽으라는 법은 읎구먼 그려."

마루에 걸터앉은 아버지는 양철 차양을 요란하게 두드리며 쏟아지는 빗방울을 바라보며 약간 들뜬 말소리를 굴리듯 내뱉는다. 아버지는 담배에 불을 붙이더니 깊숙이 빨아들였다 뿜어내며 똑같은 말을 여러 번 되풀이한다. 내

✤ 비는 몇 날을 두고도 내리지 않고 태양은 더욱 이글거렸다. 부모님은 웃음을 잃고 자꾸만 하늘을 올려다보며 한숨지었다. 며칠 전 개울 웅덩이에서 물을 퍼다 부어주었을 때, 목젖을 움직이며 꿀꺽이는 듯한 어린 벼들의 모습이 문득문득 떠오르곤 했다. 질긴 줄에 몸이 감긴 것 같은 갑갑증이 일기도 했다.

리긋는 빗줄기 사이로 담배 연기가 퍼지다 가뭇없이 사라졌다. 차양에 부딪혀 잘게 부서진 빗방울이 마루 앞 토방을 적셨다.

"어이구, 올라면 진작 좀 와야지, 워째 지금서 온다나!"
빗물이 모여 쏟아지는 차양 모서리 밑에 독을 갖다 놓고, 쓸어낼 것도 없는 토방을 비로 쓸다가 건너편 동네로 고개를 내밀기도 하며 엄마는 부산을 떨었다. 나는 마루 한편에 무르춤하게 서서 웃음기 번진 얼굴로 담배 연기를 내뿜는 아버지와 엄마를 번갈아 바라보고 있었다. 문득, 갈라진 틈새로 듬뿍 물이 스며들어 흐들흐들 몸을 떨며 환호하고 있을 절골 논의 어린 벼들이 떠올랐다.

올해도 가뭄이 길어진다. 오늘 밤부터 한 이틀 비가 내릴 거라는 예보가 있다. 비가 후드득 소리 내며 내리면, 그 옛날 등잔불 옆에 앉아 밤새 담배를 피우며 일렁이었을 아버지의 마음에 내 마음을 잇대며 되작거리고 싶다. 굴욕과 안타까움, 미안함, 쓸쓸함 그리고 자신이 감당해야 할 가족에 대한 염려 등이 뒤섞인 밤이었을 것이다. 이러한 감정들이 한군데로 모여지면 '서러움'이 되는 것은 아닐까.
의식이 흔들리며 발 딛고 있는 삶이 가벼워졌다는 생각이 들 때, 그 시절 아버지가 지새웠던 밤을 떠올린다. 그 마음에 배밀이라도 해서 다가갈 수 있으면 좋겠다. 나는 그분에게 참으로 많은 빚을 졌다는 생각이 든다. 그런데 아직도 갚지 못하고 있다.

천신
(薦新)

"아버지, 이 채미(참외) 하나만 따 주유."
"안 돼."
"그러면 저 쪼그만 거라두유!"
"어허, 안 된다구 해두 그러니."

참외 넝쿨에 이슬이 함초롬하게 매달린 이른 아침이다. 나는 참외밭 고랑에 있는 아버지의 뒤를 졸졸 따라다니며 참외 하나만 따 달라고 칭얼대며 통사정하고 있다. 넓은 참외밭에는 노랗게 익은 크고 작은 참외들이 캠프 가서 늦잠 자는 꼬맹이들처럼 깔아놓은 지푸라기 위에 이리저리 뒹굴며 매달려 있다.

어릴 적, 아버지는 야산을 개간해서 터를 잡아 집을 짓고, 집 앞 너른 밭에 참외와 수박을 여러 해 동안 심고 가꾼 적이 있다. 밭 가운데에는 원두막을 지어 놓고 뜨거운 한낮에는 쉬기도 하고, 밤에는 아버지 혼자 있기가 심심하니까 나를 데리고 올라가 ㄱ자 모양으로 구부러진 국방색 손전등을 주며 보초를 서게 하기도 했다. 나는 그 구부러진 손전등을 깜깜한 허공이나 참외와 수박 넝쿨이 가득한 밭 여기저기를 비춰 보는 재미에 곧잘 원두막으로 따라 올라갔다. 그럴 때 아버지는 원두막에 다리를 겹친 채 느긋하게 누워 노래를 흥얼거리고 있었다.

아버지는 매일 이른 아침마다 참외밭을 순찰하며 순을 집는 일을 했다. 참외는 순을 잘 집어주어야 큰 참외를 얻게 된다. 순을 집어주지 않으면 그냥 '개똥참외'가 되고 마는 것이다. 그날도 아버지는 뒷짐을 지고 양쪽 두둑에서 뻗어 나온 순을 밟지 않으려고 천천히 걸어가며 허리를 구부려 순을 집어내고 다시 허리를 펴고 두 손을 모아 뒷짐을 지는 행동을 되풀이하고 있었다. 노랗게 익어 향기로운 참외 하나를 손에 쥐고 싶은 생각만 가득한 나는 아버지의 그런 행동은 아랑곳없이 지루했고 갑갑증마저 일어났다.

노랗게 익은 참외들을 이리저리 둘러보며 밭고랑을 걸어가던 아버지는 간간히 헛기침을 했다. 만족스럽고 흐뭇해하는 표현임을 어린 마음에도 느낄 수 있었다. 나는 그런 아버지의 뒤를 졸랑졸랑 따라다니며 하나만 따 달라고 조르기 시작한 것이다. 저렇게 많은 참외 가운데 나에게 하나쯤 따주지 않을까 싶어서였다. 그런 일은 평소 아버지와 나 사이에 자연스러운 일이기도 했다. 그런데 그날은 그게 아니었다. 얼마간은 웃음기 어린 목소리로 안 된다며 슬쩍 밀치듯 대꾸하던 아버지는, 순을 집으며 긴 밭두둑 하나를 지나서야 비로소 나를 돌아보고 눈초리에 힘을 주며 이렇게 말했다.

"안 된다고 헸지? 을릉 들어가 밥 먹어, 잉!"
더 이상 칭얼대기 어려운, 묵직하게 내리누르는 듯한 단호한 목소리였다. 나는 의아스럽고 자못 혼란스러웠다. 저렇게 지천으로 널린 참외들 가운데 하나도 따주지 않는 것과, 평소 나를 대하던 태도와는 사뭇 달랐기 때문이었다. 이해가 됐든 안 됐든 바짓가랑이에 이슬만 흠뻑 적신 채 시무룩해져 집 안으로 들어갈 수밖에 없었다.

며칠이 지났을까. 나는 홍역을 앓게 되었다. 누워 있다가 온몸에 열이 뻗쳐 올라 머리맡에 놓인 커다란 양푼에 담긴 숭늉을 벌컥벌컥 마시고는 잠시 후 방 뒷문을 열고 왝 소리를 내며 토하고는 픽 쓰러지기를 반복했다. 물 이외에 음식물은 아무것도 먹지 못한 채 기신기신 죽어가고 있었다. 바쁜 철이라 부모님은 논이나 밭에 나가 있었다. 세 살 터울인 어린 여동생이 내 주위에 있다가 물이 떨어지면 양푼에 물을 부어 주는 일을 하도록 지시받고, 그렇게 하고 있었다. 이후 엄마는 그 당시 홍역 예방접종을 시켜주지 못한 것에 대해 안쓰러운 표정을 지으며 미안해했다.

찬물을 먹고 토하는 현상이 계속되면서 몸에는 아무 힘도 남아 있지 않았고, 누워 있는 머리가 땅속으로 꼬꾸라지는 듯한 어지럼증에 시달렸다.
그런데 어느 순간 내 몸이 공중으로 붕 떠올랐다. 그 와중에서도 실눈을

✦ 나는 홍역을 앓게 되었다.

누워 있다가 온몸에 열이 뻗쳐올라 머리맡에 놓인 커다란 양푼에 담긴 숭늉을 벌컥벌컥 마시고는, 잠시 후 방 뒷문을 열고 왝 소리를 내며 토하고는 픽 쓰러지기를 반복했다.

떠 상황을 관찰했다. 기진해서 늘어진 내 몸뚱어리를 아버지가 안아 올린 것이다. 그러더니 대문 오른쪽 담벼락에 기대게 하고 앉혀놓는다.

"너, 이거 니 맘대로 다 먹어도 된다, 너."
"그려, 맞어. 니가 먹고 싶은 거 얼릉 하나 니가 골라 봐."
혼미한 가운데 아버지와 엄마가 나를 향해 던지는, '너'와 '니'자가 많이 들어간 부드러운 소리가 날아들었다. 정신을 수습해 보니, 내 앞에는 대나무 광주리에 노란 참외가 수북하게 쌓여 있었다. 나는 손가락 하나 까닥할 힘이 없었다. 힘들게 뜬 실눈이 감기지 않게 하려고 애쓸 뿐이었다.

"이거 다 니 꺼여."
"맞어, 이건 아무두 안 주구, 너한티만 주는 거여."
또다시 아버지와 엄마는 겨끔내기로 '니'와 '너'가 섞인 덕담을 던진다. 아마 둘이 나의 눈치를 살피며 서로 눈짓을 꿈적꿈적하며 주고받기도 했을 것이다.

참으로 억울하기 이를 데 없었다. 저 맛있는 참외 무더기를 내 마음껏 해도 된다고 하는데, 나는 실눈만 뜬 채 망연히 바라볼 수밖에 없다는 사실에 어지럼증 못지않게 절망스러운 생각마저 들었다.

고등학생 시절 어느 날, 엄마와 이야기를 나누는 가운데 그 당시의 상황을 들을 수 있었다. 이른 아침 일어나 자신의 뒤를 따라다니며 참외 하나를 따

달라고 사정하는 나를 혼내서 집으로 돌아가게 한 뒤, 아버지는 마음이 편치 않아 두고두고 마음에 걸렸다고 한다. 그러나 따 줄 수 없었던 이유는 '천신(薦新)'을 하지 않았기 때문이었다. 그런데 덜컥 내가 홍역에 걸려 아무것도 먹지 못하고 며칠째 물만 먹고 토하고 있으니, 참외를 따주는 걸 거절했을 때 풀이 죽어 집으로 들어가는 내 모습이 떠올라 매우 안쓰러웠다고 한다. 만일 저러다 죽는다면 '참외 못 먹고 죽은 어린 귀신'이 되면, 두고두고 한으로 남을 것 같더라는 것이다. 마침 천신도 했으니 잘 익은 참외를 대광주리에 가득 담아 대문 앞에 갖다 놓고 방으로 들어가 누워 있는 나를 안고 나오더란다.

천신(薦新)이란 '철을 따라 새로 난 과일이나 농산물을 먼저 신주나 신에게 차례 지내는 일'이라고 사전에 풀이되어 있다. 내 어릴 적은 이런 풍습이 지켜지고 있었다. 들에서 밥을 먹을 때 먼저 한 숟갈 떠서 '고시레(고수레)'하고 외치며 뿌리는 풍습과도 닮았다. 노랗고 탐스럽게 익은 자신의 소산이 결코 자신들만의 노력만으로 이루어지지 않았으며, 더 본질적이고 근원적인 연원에 감사하며 가치를 부여하던 사람살이의 풍습이라는 걸 나중에야 깨달을 수 있었다.

아들의 통사정이 귀엽고 안쓰럽기도 했을 테지만 삶의 질서를 어기면서까지 자식 사랑은 할 수는 없다는 게 삶을 대하는 그의 태도였다. 그 시절 아버지와 같은 시대를 살던 어른들은 가난하고 남루한 환경이었지만, 어린 우리 앞에서 소중히 여기는 바를 살아가는 모습 자체로 보여주는 경우가 많았다.

학교도 제대로 다니지 못하고 평생 촌부로 살았지만, 삶의 원칙을 잃지 않으려던 아버지는 삼 년 전에 돌아가셨다. 오늘은 아버지 기일(忌日)이다. 시장에서 잘 익은 참외를 골라 사서 시골집으로 향한다. '한 사람이 살다 사라졌을 때 가장 나중까지 남는 것은, 그 사람이 살아가던 삶의 태도'라는 말이 새삼 되살아나며 내 의식의 등뼈를 곧추세운다.

하얀
무덤 속의 생명

"부지런 딴딴 져랴, 부지런 딴딴 져라!(부지런히 단단하게 집을 지어라)"
할머니와 엄마는 한 달 동안 뽕을 먹으며 네 번 잠을 자는 동안 익은 누에들에게 이렇게 다정스럽게 말을 건넨다. 깨끗한 짚을 20센티 정도로 잘라 X자 모양으로 엮어 만든 섶에 정성스레 한 마리씩 반 뼘 간격을 두고 늘어놓으며 부드러운 권유를 이어간다. 윗동네 큰댁에 사는 할머니는 섶에 익은 누에를 올리는 날이면 도우러 오셨다. 그 당시 이렇게 누에 치는 일을 '한 달 농사'라고도 불렀다.

두 손으로 누에의 머리 부분과 꼬리 부분을 눈높이에 들고 보면, 뱃속에 노란색 뭉치가 몸통 가득 차 있다. 그것이 잘 익은 누에다. 그렇게 다정하게 권면하는 소리에는, 한 달 가까운 고단한 일상이 매듭지어진다는 안도감이 들어 있다. 또한 이 누에들이 만들어 내는 고치가 팍팍한 농촌 살림을 누긋

✤ 두 손으로 누에의 머리 부분과 꼬리 부분을 눈높이에 들고 보면, 뱃속에 노란색 뭉치가 몸통 가득 차 있다. 그것이 잘 익은 누에다.

하게 펴지게 할 거라는 기대도 어우러져 있다. 그렇기에 사람이 누에에게 다정하게 건네는 부탁이며, 삶에 대한 소망이 녹아 있는 헌사이기도 했다.

처음 알에서 갓 깨어났을 때 들여다보면 추어탕집 상위에 놓인 들깻가루처럼 거무튀튀하게 생긴 녀석들이 작은 상자에서 오글거리고 있다. 이때는 뽕잎을 잘게 채처럼 썰어 솔솔 뿌려준다. 그런데 며칠 만에 뽀얗게 살이 오르며 무럭무럭 커져 한 달 남짓이면 입에서 실을 뽑아 고치를 짓기 시작하는 것이다. 커지는 대로 신문 크기의 촘촘한 그물이 깔린 누에 틀로 옮겨 꿀벌 분봉하듯 개체수를 나누어 간다. 뽕을 낮에 세 번, 밤에 한 번, 이렇게 네 번을 준다. 이때 부모님은 잠을 제대로 잘 수 없었다. 만일 비라도 내리게 되면 뽕나무에서 따온 뽕잎을 털고 말려서 줘야 한다. 빗물에 젖은 뽕을 먹는 누에는 곧바로 탈이 나서 죽게 되기 때문이다. 어린 나도 학교에서 돌아오면 광주리를 들고 뽕나무밭에 가서 뽕잎을 따는 게 당연히 해야 할 일로 여겼다. 누운 시체도 발로 걷어차 일으켜 세워 뽕잎을 따게 한다는 우스갯소리가 있을 만큼 누에를 키워 고치를 얻는 한 달 동안은 집안 식구 누구랄 것도 없이 그 일에 집중해야만 했다.

이렇게 커가며 사람 사는 방을 차지한 누에는 부지런히 뽕잎을 먹는 사이사이 네 번 잠을 자며 고치를 지을 실을 몸속에 쟁이며 익어가는 것이다. 설익은 것들을 살펴보면 뱃속이 파랗게 비친다. 이런 녀석들은 섶에 올리지 않으며 누에 틀에 남겨놓고 뽕잎을 더 얹어준다. 그렇게 섶에 올려진 익은 누에들은 6, 7일 동안 잠시도 쉬지 않고 고개를 이리저리 휘둘러 저어 고치를 지으며 몸뚱어리에 꽉 들어찬 실뭉치를 다 뽑아내 속을 텅 비운 후 번데기로 오그라든다.

고치가 다 지어진 것 같아 만져보면 단단하다. 그런데 고치 속에서 '도그락 도그락' 하는 소리가 난다. 아직도 멈추지 않고 실을 뽑으며 고치 속을 채우려고 고개를 움직이고 있다는 것을 느낄 수 있다. 좁을 대로 좁아진 공간에서 몸에 남은 실을 모두 뽑아내고 있는 것이다. 그렇게 이틀 정도가 지난 후 섶에서 고치를 떼어내 목화씨 빼내는 물레를 돌려 고치 겉에 붙은 잔털을 제거하면, 매끈하고 단단한 새하얀 고치가 대광주리에 수북하게 쌓이게 된다. 한 달간의 노고가 드디어 완성된 순간이다.

아버지는 대광주리에 수북하게 담아 지게에 지고 엄마는 머리에 이고 면사무소에 마련된 전매장으로 향했다. 그 하얀 고치가 담긴 광주리를 지고 가는 모습은, 소금을 가득 실은 배가 푸른 바다를 떠가고 있는 풍경을 떠올리게 했다. 학교에서 돌아오다 보면 전매하는 면사무소 앞마당에는 우리 고장 여러 동네 이집 저집에서 날라 온 고치 무더기가 등급판정을 기다리고 있었다. 백여 개도 넘을 듯한 하얗게 빛나는 고치 무더기는 새로 만든 봉분처럼 여기저기 소담스럽게 솟아 있었다.

누에라는 벌레를 키우는 일은 마치 멀리서 온 귀한 손님을 잘 대접해서 돌려보내는 일과 비슷했다. 누에가 어느 정도 커져 우리가 생활하는 방을 차지하게 되면 고치를 지을 때까지 한 방에서 온 식구가 함께 살게 된다. 게다가 누에는 뽕을 먹다가 중간중간 네 번 잠을 자는데, 이때 예민한 누에가 놀라 잠에서 깨지 않도록 우리는 말과 행동을 조심하고 진중해야 했다. 평소 성미가 급하고 목소리가 높던 엄마도 이때만큼은 나붓나붓해지곤 했다. 그 시절 누에의 잠을 애기잠, 두 잠, 세 잠, 큰잠(네 잠)으로 구분해서 표현했다. 머리를 꼿꼿하게 들고 미동도 없이 자는 모습은 참 특이했다. 툭 건드리면 어떻게 될까, 하는 호기심이 일기도 했다. 그러나 결행해 본 적은 없었다. 어린 마음에도 그 일상의 풍경이 얼마나 엄중한지를 느끼고 있었기 때문이다.

어느 해 봄, 소풍 가는 날이었다. 소풍 전날은 마음이 부풀어 올라 잠이 잘 오지 않는 법이다. 그러다 까무룩 잠들었다. 아침이다 싶었는데 왁자하게 비가 쏟아지는 소리가 들린다. 그 순간 절망감이 엄습했다. 눈을 뜨고 고개를 번쩍 들고 보니 햇살이 창호지에 흘러들어 방안을 환하게 가득 채우고 있는 게 아닌가. 그 빗소리는 내가 누워 있는 방 벽에 설치된 누에 틀에서 수천 마리의 커다란 누에가 한꺼번에 뽕을 갉아먹는 소리였다. 이 누에들이 내는 소리는 마치 양철 차양에 비가 부딪히는 소리처럼 들렸다. 큰 누에가 목을 번쩍 들어 뽕잎의 가장자리를 내리훑으면 뭉텅뭉텅 뽕잎이 사라진다. 이때마다 "사가가가각" 리듬 있는 소리가 규칙적으로 들린다. 이 모습을 빗대어 '잠식(蠶食)'이란 말이 생겨났다고 한다.

누에 틀이 층층이 박힌 방에서 자는 경우 아침에 깨어나 보면 누에 몇 마리가 팔뚝이나 목덜미에 오물거리며 기어다닐 때도 있었다. 전혀 징그럽지 않았다. 누에의 피부는 아기 피부를 만질 때처럼 매끈하고도 부드러웠다. 만져도 다른 곤충 애벌레처럼 몸을 뒤틀며 저항한다든가, 무슨 위협 수단을 써서 겁을 주는 위장된 몸짓이 없었다. 그저 순한 아기처럼 가만히 몸을 맡기고 있을 뿐이었다. 누에는 '누워 있는 애'라는 뜻이라고 말하는 이도 있다. 그 말이 참 잘 어울리는 벌레라는 생각이 든다. 사람이 사는 방에서 함께 살아가며 어울리는 벌레는 누에가 유일할 것이다.

누에는 자신을 완벽하게 가둔 후, 고치를 뚫고 나방으로 다시 태어나는 하얀 무덤 속의 생명이다. 생명(生命)이란 '살아가라는 명령'이라고 풀이하는 이도 있다. 어떻게 보면 누에의 순종적인 한살이는 신비한 느낌마저 든다. 온갖 정성을 들이며 고단함을 감내하며 '한 달 농사'를 짓던 사람들의 일상 또한 누에를 닮은, 경건하기까지 한 모습이 아닐 수 없다. 삶의 가치가 혼란스럽게 얽히는 요즘 세태에 비추어 볼 때 진정한 삶이 무엇인지 돌아보게 한다. 정겹고도 눈물겨운 아름다운 이야기의 일부가 된 풍경 가운데 하나였다.

배급 건빵

몇 년 전 초등학교 동창회를 열었을 때다. 졸업 이후 처음 보는 친구 하나가 나타났다. 그 친구는 40년 전, 2학년 때 모습을 고스란히 간직하고 있었다. 후리후리한 키에 너부데데한 얼굴, 마주하는 이의 마음을 여유롭고 푸근하게 하는 미소가 녹아 있는 표정까지 변함이 없었다. 나는 그 친구에게 얼른 다가가 손을 덥석 잡고 안부를 물으며 옆자리에 앉았다.

40년 전 그 친구와 나는 같은 반이었다. 담임은 작은 키에 똥똥한 몸매였고 얼굴에는 열 손가락으로 꼽아도 남을 정도의 여드름이 돋아나 있던 처녀 선생님이었다. 야생이나 다름없는 공간에서 뛰놀던 아홉 살 먹은 시골 아이들은 교실에서도 그저 강아지처럼 뛰어다니고 떠드는 게 일상이었다. 교실이 먼지로 자욱하고 수업을 진행하기가 어려워지면 여드름이 가득한 얼굴은 빨갛게 변했다. 선생님은 나무 교단을 슬리퍼 신은 발로 콩콩 구르며 "주목"이라는 말을 크게 지르고, 각기 다른 곳으로 향한 엇갈린 아이들의 시선을 칠

판 쪽으로 집중시키려 했다. 친구는 그때 그 담임 선생님이 신뢰하며 지명한 반장이었다. 녀석은 초등학교 2학년 때 벌써 영예로운 반열(?)에 오르는 행운을 거머쥔 것이다. 또래들보다 키도 한 뼘은 컸다. 여느 아이들과 달리 말수가 없고 진중했기 때문에 천둥벌거숭이 같은 아이들을 비끄러매야 하는 처녀 선생님으로서는 더없이 미덥게 여기고 반장으로 지명했을 것이 분명했다.

그런데 어느 날부터 그 친구가 학교에 나오질 않았다. 흥분하면 으레 여드름까지 빨개지는 담임 선생님은, '우리 반장이 다리뼈에 무슨 병이 들어 큰 도시에 있는 병원에서 수술받아야 한다. 그래서 오랫동안 학교에 못 나오게 되었다'며, 우리에게 비보를 전하기에 이르렀다.

담임 선생님은 그 친구가 없는 빈자리에 부반장이던 나를 밀어 넣으며, 열심히 반장 역할을 해보라고 독려하기에 이르렀다. 그러나 나는 그 친구처럼 아이들을 통솔하는 책무보다 아이들과 어울려 장난치는 것에 더 마음이 기울었기 때문에 담임의 기대에 부응할 수 없었다. 담임은 아이들을 통제할 수 없는 상황이 닥치면 옆 반 4학년 교실을 담임하고 있는 부리부리한 남자 선생님을 불러오곤 했다. 그 이외에 다른 대안은 찾지 못한 듯했다.

그 당시는 종례가 끝나고 청소하기 전에 구호물자인 건빵을 배급받았다. 어느 날은 10개, 다음날은 15개, 또 어떤 날은 20개씩 날마다 달랐다. 담임 선생님이 날라 온 부드럽고 새하얀 자루에는 건빵이 가득 담겨 불룩했다. 지금의 건빵과는 달리 두툼하고 넓적했다. 줄을 선 아이들에게 건빵을 나누어 줄 때는, 반장의 역할을 잘하고 있는 듯 뿌듯한 느낌도 들었다. 그때는 아이들이 떠들지도 않고 다소곳하게 자기 차례가 오길 기다리고 있기 때문이다. 반 아이들에게 다 골고루 나누어주고 나면 오십 개 이상 자루에 남게 된다. 나누어주는 건빵의 개수는 날마다 선생님이 결정하는데, 가늠을 잘못했기 때문이다. 아이들이 모두 교실을 빠져나가면 담임 선생님은 남은 건빵을 내 가방에 자루를 거꾸로 들어 부어주기도 하고, 어느 날은 자루를 통째로 건네주기도 했다. 나는 뿌듯한 마음도 들었지만, 불안한 마음도 살짝 일어났다. 반장을 맡은 친구의 부재로 이 호사를 누리고 있다는 사실을 어린 마음에도 짐작했기 때문이다. 야생의 풀밭을 돌아다니며 열매를 따 먹는 것밖에 군것 질거리가 없던 그 당시 농촌의 어린아이들에게 무료로 매일 배급되는 건빵은, 너무나 매력적인 간식거리였다. 건빵은 생김새도 멋있었다. 만질만질한 표면에 둥글고 넓적하게 생긴 것도 있었고, 지금의 쿠키처럼 네모난 것도 있었다. 그런데 시간이 갈수록 배급되는 건빵 크기는 점점 작아졌다.

나는 건빵을 배급받으면 집에 오면서 내려 몇 개는 먹고, 나머지는 집에 있는 동생들에게 갖다주곤 했다. 내 바로 밑 3살 터울 진 여동생은 어린 남동생을 업고 돌보는 보모 노릇을 담당했다. 그 당시 모든 일을 사람 손으로 해결해야 하는 농촌에서는 자연스러운 풍경이었다. 또래 동네 친구들하고 놀다가도, 남동생이 배가 고파 칭얼거리면 밭에서 일하는 엄마에게 데리고 가 젖을 먹인 후, 다시 친구들이 있는 곳으로 가서 놀았다. 친구들과 놀다가 내가 학교에서 돌아오는 시간쯤에는 동네 초입 고갯길인 당재에서 나를 기다리곤 했다. 내가 배급받아 갖다주는 건빵은, 그 당시 여동생에게는 고단한 일상 가운데서 기대하는 커다란 선물과도 같은 것이었다.

어느 초여름 날 오후였다. 여느 날처럼 학급 친구들에게 나누어주고 남은 건빵을 담임 선생님은 배낭처럼 메고 다니던 가방에 가득 부어주었다. 선생님이 가르쳐준 노래를 흥얼거리면서 집으로 가다가 양조장 모롱이 풀밭에 누워 되새김질하며 멀뚱히 나를 쳐다보는 소와 눈이 마주쳤다. 문득 호기심이 일어 건빵이 가득한 가방을 풀어 한 개를 꺼내 소에게 다가가 디밀었다. 소는 벌떡 일어나더니 디민 건빵을 긴 혀로 쓸어가 입에 넣더니 와그작와그작 소리를 내며 맛나게 먹는 게 아닌가. 나는 그 소리가 듣기가 좋아 계속 선심 쓰면서 시간 가는 줄 몰랐다. 풀과 여물을 먹는 소가 이렇게 건빵을 맛있게 먹고 있다는 사실이 마냥 신기했다.

설핏 고개를 들어 서쪽인 우리 동네 쪽을 바라보니, 햇살이 당재 어스름에서 헤싱헤싱 퍼져가고 있었다. 적잖은 시간이 흘렀다는 걸 깨닫고 벌떡 일어나 소 곁을 떨어져나왔다. 흘끔 돌아보니, 사방이 툭 틔어 볼 곳도 많은데 소는 하필 나만 빤히 바라보고 있었다. 맛난 음식을 먹다 만 것 같은 서운한 기색이 역력했다.

당재를 오르다 보니 저만치 젖먹이 남동생을 업은 여동생이 고개를 올라오는 나를 발견하고 뒤뚱거리며 뛰어오는 것이 보였다. 여동생은 내 앞으로 뛰어오기만 했지, "오빠, 건빵 좀 줘"라든가, "왜 이렇게 늦었어"라는 등 자신의 감정은 드러내지 않았다. 순간, 또 재미있는 생각이 스쳤다. 동생에게 '오늘은 건빵이 없다고 해보자' 이러면 어떤 반응일까가 궁금했다. 풀밭에 누워 있는 소에게는 그렇게 인정을 펑펑 쓰면서도 기대하며 나를 기다린 동생에게는 왜 그런 짓궂은 생각을 떠올렸을까.

✦ 나는 건빵을 배급받으면 집에 오면서 내려 몇 개는 먹고, 나머지는 집에 있는 동생들에게 갖다주곤 했다.
내 바로 밑 3살 터울 진 여동생은 어린 남동생을 업고 돌보는 보모 노릇을 담당했다.

"오늘은 건빵이 읎어. 배급을 안 주더라."

어린 남동생을 업고 다니느라 얼굴이 빨갛게 익은 여동생을 바라보고 이 말을 시큰둥하게 내뱉으며 표정을 살폈다. 순간, 아쉬움과 슬픔, 절망스러운 감정이 섞인 듯한 표정이랄까, 아무튼 쉽게 가늠하기 어려운 표정을 지으며 말없이 돌아선다. 깨어 칭얼거리는 동생을 추스르며 아무런 대꾸가 없다. 순간 가슴 속에 서늘한 느낌이 솔숲을 파고든 바람소리처럼 지나갔다. 세월이 지난 후 저 여동생의 모습은, 이 당재를 넘어 새로운 세계를 맞닥뜨리며 생의 역정을 견디는 방식 가운데 하나라는 것도 깨닫게 되었다.

일순 짠한 마음이 들어 여동생 앞으로 달려가 가방을 열어젖힌 다음 가방을 통째로 건네주었다. 포대기를 풀러 등에 업은 남동생은 내가 업고 집으로 함께 왔다. 여동생은 두 손에 건빵을 하나씩 쥐고 더없이 즐거운 몸짓으로 논둑길을 앞서 걸어간다. 여동생이 멘 내 가방은 바람에 흔들리는 들판의 허수아비처럼 우쭐우쭐 춤을 추었다.

수도권 어느 도시에서 살고 있다는 그 친구는, 옆에 앉은 내가 들려주는 예전 학교에서 있었던 이야기를 대부분 기억하고 있었다. 진중한 표정에 이따금 미소를 지으며 내가 들려주는 말에 고개를 끄덕이며 대꾸했다. 여드름 투성이였던 담임 선생님이 지금 우리 곁에서 이 이야기를 들어주신다면 얼마나 좋을까, 하니 그때는 이를 드러내 보이며 활짝 웃는다.

희망가에 대하여

 자정이 훨씬 넘었는데도 누워 있는 등허리에 자르르 잠기운이 스며들지 않는다. 누운 몸을 모로 세웠다가 다시 반듯하게 추스르며 뒤척였다. 그러다가 머리맡에 충전하고 있는 핸드폰을 열어 유튜브를 검색하다 어느 대금 명인이 연주하는 '희망가'라는 음악을 듣게 되었다. 고등학생 시절부터 이 노래를 알고 있었다. '이 풍진 세상을 만났으니, 너의 희망이 무엇이냐'로 시작되는 이 노래의 가사와 음률의 정조(情調)는 희망을 연상시키기에는 거리가 멀다고 느껴졌다. 이후 이 노래를 들을 때마다 왜 제목을 희망가라고 붙였을까 하는 의구심이 들곤 했다.

 가야금과 해금 그리고 현대 악기를 배경으로 한 대금 소리는 매우 색다른 느낌이 들게 했다. 저 멀리 갯벌을 채우며 천천히 밀려오는 듯한 물결 같다가, 갑자기 바위 절벽을 때리는 파도 소리로 바뀌면서 느른하게 찾아오던 잠을 확 달아나게 했다. 벌떡 일어나 앉아 집중해서 대금 연주를 들었다. 노래 중간중간 첫 마디를 세게 불어 찢어지는 듯한 소리는, 울다 지친 어린아이가 잦아들어 늘키던 목울음을 또다시 크게 터뜨리는 소리 같이 느껴졌다. 서너 번 되풀이하여 듣다 보니 문득 어릴 적 풍경 하나가 오롯하게 떠올랐다.

1970년 초반, 초등학교 저학년때의 기억이다. 집으로 가려고 교문을 나서던 참이었다. 교문 앞 운동장 쪽으로 장대한 플라타너스 한 그루가 우뚝 박혀 천하대장군처럼 서 있었다. 나는 지날 때마다 잠시 나무를 바라보는 버릇이 있었다. 그날도 여느 날처럼 다른 아이들과 함께 나무 밑을 지나 교문을 나서다가 교문 밖 오른쪽 귀퉁이에 낯선 두 명의 사내아이가 서 있는 걸 발견했다. 그 아이들은 어딘지 모르게 우리를 경계하는 표정으로 서 있었다. 큰아이의 어깨에는 구두 닦는 기구가 담긴 통에 줄을 매어 한쪽 어깨에 메고 있었다. 큰아이는 나보다 서너 살쯤 많아 보였고 생김새가 야무지게 느껴졌다. 우리의 눈빛을 맞받아 튕겨내며 이따금 어깨에 멘 통을 추썩거렸다. 이에 반해 동생으로 보이는 아이는 나와 비슷한 또래로 숫기 없고 유순해 보였다. 큰아이와는 달리 우리의 눈길이 어색한지 큰아이 쪽으로 몸을 붙이며 서 있는 우리를 흘끔거리며 바라보았다. 아이들이 학교를 빠져나가고 난 뒤, 교무실로 가서 교사들의 구두를 닦아주고 돈을 버는 아이들이라는 걸 짐작할 수 있었다. 면 단위에 있는 학교치고는 꽤 큰 규모라 교무실로 간다면 몇 명의 교사가 내미는 구두를 닦을 수 있을 것이다. 아마도 서산 시내에서 온 아이들이라 짐작됐다. 이 근동에는 학교 가야 할 시간에 저런 차림의 아이들은 볼 수 없었기 때문이다. 부모가 없는 아이들일 거라는 짐작이 어렵지 않았다.

"얀마, 니네들 여기 왜 왔어?"

잠시후, 그 형제들에게 다가가는 아이가 있었다. 나보다 2년 위인, 학교에서 얼마 떨어지지 않은 곳에 집이 있는 아이였다. 그는 몸이 날래고 싸움을 잘 하기로 소문난 아이였다. 방과 후 특별 활동인 기계체조 반에서 활동하고 있기도 했다. 특히 지난 가을 운동회에서 그 아이는 뜀틀을 박차며 공중에서 한 번 회전하고 착지하는 기술을 선보이며, 구경하러 온 동네 어른들로부터 환호와 박수를 받기도 했다. 그러나 그 아이는 다른 아이들에게 괜히 시비를 걸어 코피를 터뜨리기 일쑤였다. 우리는 그 아이가 보이면 슬금슬금 피하며 마주치는 것을 꺼리고 있었다.

"왜 그려, 임마!"

구두통을 메고 있던 아이는 대뜸 적의를 드러내는 표정으로 눈을 침뜨며 몸을 꼿꼿이 세웠다. 이런 상황을 예상이라도 한 듯한 반응이었다.

"여긴 왜 왔냐구 임마. 얼릉 꺼져."
"니가 뭔데 참견여. 이 새끼야."
"너 나하고 붙어서 지면 여기서 꺼지는 거여."
"좋아. 덤벼 봐 새꺄."

그렇게 서로 으르렁거리더니 큰아이는 메고 있던 구두통 끈을 벗어 동생에게 건네주었다. 큰아이로부터 구두통을 건네받은 작은아이는 끈을 어깨에 메지 않고 부둥켜안고 순식간에 겁먹은 얼굴이 피었다. 그리고 서너 발짝 큰아이 옆으로 떨어졌다.

둘은 복싱 자세를 잡고 잠깐 노려보더니 싸움닭처럼 서로 달려들어 투닥거렸다. 금세 승부가 났다. 구두닦이 큰아이의 코에서 피가 주르륵 쏟아진 것이다. 코피가 난 큰아이는 맞붙기 전과는 전혀 달라진, 시무룩하고 난처한 표정으로 변했다. 다시 덤벼들 기세는 전혀 없어 보였다. 싸움 잘하는 아이는 득의양양한 표정으로 구경하고 있는 우리를 둘러보았다. 나는 내심 구두통을 메고 있던 아이가 이기기를 바랐다. 왠지 그 둘은 시골에서 사는 우리보다 더 불쌍해 보였으며, 괜히 텃세를 부리며 싸움 잘하는 걸 과시하려고 시비를 거는 아이가 고깝게 느껴졌기 때문이었다.

그때였다. 코피를 흘리는 큰아이를 옆에서 겁먹은 얼굴로 바라보던 동생이 갑자기 입을 벌리며 크게 울음을 터뜨렸다. 두 눈을 꼭 감은 상태였다. 큰아이는 코피가 나는 코를 한 손으로 막고, 한 손으로는 우는 동생의 어깨를 감싸며 달래는 시늉을 했다. 그러자 작은아이는 더 크게 울었다.

잠시 후, 큰아이는 구두통 끈을 다시 어깨에 메더니, 여전히 울음을 그치지 않는 동생의 손을 잡고 교무실과는 반대 방향인 시내버스가 정차하는 차부 쪽으로 걸어가기 시작했다. 저만치 그들의 뒤에 떨어진 나는, 그 형제를 차마 앞지르지 못하고 길에 널려 있는 조그만 돌멩이를 고무신 신은 발로 툭툭 걷어차 길섶으로 굴리며 천천히 뒤따라갔다. 아마도 그 구두닦이 형제는 시내에서 경쟁에 밀려 자신의 구역을 잡지 못하고 면(面) 단위인 우리 학교까지 찾아왔을 것이다. 그런데 여기서도 그 형제가 서 있을 공간은 허락되지 않았다.

✤ 희망가를 연주하는 중간중간 입김을 세게 불어 찢어지는 듯한 대금 소리는,
옛날 교문 앞에서 구두닦이 동생이 터트리던 울음소리와 닮았다고 느껴졌다.

마음에 새겨진 유년의 풍경

희망가를 연주하는 중간중간 입김을 세게 불어 찢어지는 듯한 대금 소리는, 옛날 교문 앞에서 구두닦이 동생이 터트리던 울음소리와 닮았다고 느껴졌다. 몇 번을 다시 들어도 그 느낌의 색깔과 강도는 변하지 않았다. 희망가 가사를 곰곰이 짚어보니, 생의 회한과 슬픔을 깨달아야 비로소 희망에 대해 말할 수 있지 않냐는 메시지가 담겨 있는 듯도 하다. 그렇다면 희망의 거름은 슬픔이 아닐까, 이리저리 생각을 되작거려 본다. 지금 그 구두닦이 형제는 어떻게 살고 있을까, 새삼 궁금해지며 고상고상 잠들지 못하는 깊은 밤이다.

3부 — 연리지가 된 사람들

황발이와 큰어머니

아침 6시쯤 되었나 싶다. 핸드폰이 울린다. 사촌 누나라는 이름이 뜬다.

"동생, 오늘 새벽에 우리 엄마가 돌아가셨어. 서산의료원 장례식장으로 모시려고 해."

올해 91세인 큰어머니는 70년이 넘는 천로역정 같은 일상을 감당하며 살아왔다. 그분과 같은 세대 여인들의 고단했던 환경에 더해, 그녀에게는 독특하고 무거운 짐이 하나 더 숙명처럼 얹혀 있었다.

이웃 마을인 인지면에서 태어나 스무 살이 되던 해, 부석면 도비산 자락 아래 골짜기에 자리 잡은 집안으로 시집을 오게 되었다. 막상 와서 보니 상황은 이러했다. 시부모가 있었으며, 결혼하지 않은 시동생 셋이 있는 소농의 살림이었다. 게다가 종갓집이어서 여느 집과는 달리 제사음식에 더욱 신경을 써야 했다. 세 명의 시동생이 결혼하여 분가하는 동안 여러 명의 아들딸이 태어났다. 시부모를 모시며 농사일도 소홀히 할 수 없었다. 품앗이를 왔던 사람에게 일손을 갚아야 하는데, 정 어쩌지 못하게 바쁠 때는 초등학교에 다니는 딸들을 대신 보내기도 했다. 그녀의 어린 딸들이 엄마가 대신 보냈다고 쫄랑거리며 일터로 가면 동네 아낙네들은 재밌다고 깔깔거리며 힘들지 않은 잔심부름만 시켰다고 한다. 큰어머니의 황망한 사정을 모두 다 알고 있었으며 안쓰러워했기 때문이다.

여러 가지 감당해야 할 일들이 예고 없이 닥치기도 했지만, 가장 큰 짐은 많은 식구의 끼니를 감당해야 하는 일이었다. 그 가운데에서도 반찬을 만들어 내는 일은 가장 큰 고민이고 고역이었다. 그런데 그 해결책 가운데 한 가지가 나타났다. 동네를 가로지른 고개를 넘으면 지산리라는 마을 끝에 너른 갯벌이 있으며, 그 갯벌에는 식구들의 반찬거리가 무수하게 널려 있다는 사실을 알아낸 것이다.

바다가 간척되기 전, 서산 지역의 드넓은 갯벌에는 '황발이'(붉은발농게)라고 부르는 특이하게 생긴 게들이 지천이었다. 등딱지가 일회용 라이터보다 조금 작은 크기의 게였다. 특히 수컷은 집게발 하나가 유달리 크고 붉은색을 띠고 있다. 우리 고장 사람들은 이 게를 달인 간장에 담갔다 여름 내내 밥반찬으로 밥상에 올리며 별미로 여겼다. 꽃게나 박하지라 부르는 민꽃게에 비해 크기도 작아 먹을 만한 살이 없는데도, 그 작은 게의 맛은 이상하게도 중독성이 있는 것처럼 사람들의 입맛을 사로잡았다. 토속음식인 '게국지'라는 김장 음식이 있는데, 이 황발이를 절구에 찧어 함께 버무리기도 했다.

늙은 시부모는 물론 밥숟갈을 들고 밥상 앞에 앉을 수 있는 아이들도 너나없이 좋아하는 황발이 간장게장은, 여름 한 철 반찬 걱정을 덜 수 있는 최고의 재료였다. 큰어머니는 그 황발이를 가장 잘 잡는 사람으로 일찍이 동네방네에 소문이 났다. 심지어 자전거 타고 동네를 드나드는 우편집배원도 알고 있을 정도였다. 황발이를 잡으려면 썰물 때를 맞춰 가야 한다. 이 황발이는 푹푹 빠지는 무른 뻘보다는 진흙 성분이 섞인 조금 단단한 뻘에서 주로 살아간다. 이 게는 자신의 몸통처럼 동그랗게 수직으로 구멍을 뚫고 살아가는 특징이 있다. 썰물이 되면 햇볕에 진흙이 완전히 마르기 전까지 구멍에서 나와 흙 표면에 가라앉은 유기물을 긁어먹으며 먹이활동을 한다. 삼끈이나 가느다란 새끼줄로 짜서 만든 구럭을 옆구리에 끼고 큰어머니는 마을을 가로지르며 솟은 '철쟁이고개'를 넘어 갯벌이 있는 지산리라는 동네로 간다. 갯벌까지 가려면 3, 40분은 족히 걸리는 거리였다.

그런데 오랫동안 걷는 피곤함보다 더 곤혹스럽게 하는 게 있었다. 해가 서쪽으로 기울기 시작할 무렵이면 피를 빨려고 달려드는 '깍다귀'라고 부르는 곤충 때문이다. 이 깍다귀는 크기는 초파리만 한데, 모기나 등에와는 비교가 안 될 정도로 그악스럽고 야멸차다. 게다가 떼로 달려든다. 이놈들에게 물리면 생살이 떨어져 나가는 듯이 고통스럽다. 크기가 작아 쫓아내거나 때려잡을 수도 없다. 놈들이 달려들면 갯벌에서 천천히 움직이는 작업은 불가능하게 될 정도였다. 하지만 큰어머니는 간단하고도 절묘한 예방법을 고안해 냈다. 걸쭉한 뻘을 팔다리와 얼굴 목까지 맥질해 말리는 것이다. 뻘이 철쟁이고개 아래 박혀 사는 늙은 소나무 껍질처럼 몸에 말라붙으면 깍따귀의 공격은

✤ 작별하고 돌아서니 저 멀리 맞은편에 큰어머니가 구럭을 옆에 끼고
황발이를 잡으러 넘어가던 철쟁이고개가 5월의 연초록으로 덮여 싱그럽게 빛나고 있었다.

무력해지는 것이다. 그렇게 해야 비로소 엉덩이가 하늘로 향하며 황발이 구멍 앞에 엎드려 팔을 깊숙이 집어넣고 잡아내는 작업이 가능해진다. 사람이 가까이 가면 황발이들은 놀라 구멍으로 숨기에 바쁘다. 경황이 없어 남의 구멍으로 들어간 녀석들도 있다. 한꺼번에 두 마리를 잡아내는 쏠쏠한 재미도 있다.

너무 늦으면 안 된다. 시부모와 아이들의 저녁밥을 준비해야 하기 때문이다. 엎드렸던 몸을 펴서 뻘밭을 바라보면, 온통 붉은 발을 가진 농게들로 가득하다. 암컷에게 잘 보이려고 들었다 내렸다 반복하는 수컷 농게의 커다란 붉은 발들 때문에 마치 갯벌이 수만의 군사가 깃발을 흔드는 듯 너울졌다. 황발이가 가득 담긴 구럭을 어깨에 둘러메고 철쟁이고개를 되짚어 집으로 돌아간다.

그렇게 분망하고 고단한 세월이 흐르고 또 흐르는 사이, 깍따귀처럼 달라붙은 삶의 버거운 짐이 하나씩 벗겨지며 가벼워지기 시작했다. 그러나 아늑한 허공을 메우며 쏟아지는 함박눈도, 싱그럽게 돋아나는 산야의 연초록도, 자욱한 물안개 피워내며 내리긋는 여름날의 장엄한 소낙비도, 통통한 도토리를 굴리며 바람에 서걱이는 떡갈나무의 향연도, 이제 큰어머니와는 무관한 일상으로 변해버렸다. 코로나를 피하지 못한 큰어머니는 쓰러진 후, 자유롭게 헤집고 다니던 터전과 단절된 채 일어나지 못했다.

화장(火葬)을 마치니 큰어머니는 더 가벼워져 몇 줌 흔적으로 남았다. '누구에게나 반드시 얼마간의 비는 내리고, 어둡고 쓸쓸한 날은 있는 법이다.'라는 어느 시인의 노래처럼 큰어머니는 그렇게 91년 동안 이어지던 고단한 생애에 마침표를 찍었다. 그리고 당신이 살던 뒷산 중턱을 영원한 휴식처로 삼았다.

　작별하고 돌아서니 저 멀리 맞은편에 큰어머니가 구럭을 옆에 끼고 황발이를 잡으러 넘어가던 철쟁이고개가 5월의 연초록으로 덮여 싱그럽게 빛나고 있었다.

옴마의 예비 장례식

어릴 적부터 어머니를 '옴마'라고 불렀다. 우리 5형제 가운데 막내 여동생만 아버지를 아빠라고 불렀고, 말은 모두 존댓말이었다. 하지만 엄마에게는 모두가 옴마라고 부르며 예사말로 대했다. 팔순 중반인 옴마는 혼자 시골집에 살며, 이웃 마을에 있는 주간보호시설에 다니고 있다.

얼마 전 목요일 이른 아침이었다. 핸드폰이 부르르 떨린다. '옴마'라고 설정한 표시가 뜬다. 불길한 느낌이 확 올라왔다. 평일인 데다 이른 시간에는 자식들에게 전화하는 걸 극도로 자제하는 분이기 때문이다.

"애비, 일어났남?"
불안함과 난감함이 섞인 말소리다. 엄마는 내가 결혼한 이후부터 이름 대신 '○○애비야'라고 호명했으며, 말도 놓지 않았다.

✦ 마당으로 나온 나는 커다란 감나무 아래에 붙박힌 듯 서서 멀어져가는 엄마의 뒷모습을 바라보고 있었다.

얼마 후 마을 초입 고개인 당재를 넘어가 보이지 않을 때까지 그렇게 서 있었다.

엄마의 뒷모습이 사라지니 불현듯 현기증이 일었다.

"옴마, 이 시간에 무슨 일유?"
"지금 집에 올 수 있남. 어제 저녁 허리를 다쳐서 움직일 수가 읎어."
"아니, 워쩌다 그랬대유. 넘어졌슈? 얼릉 갈테니 가만히 기슈."

골다공증이 심한 엄마는 얼마 전 넘어져 허리뼈가 골절됐다는 진단을 받고 42일 동안 입원했었다. 퇴원한 지 한 달이 채 못되었는데, 또 허리에 문제가 생긴 모양이다. 후다닥 일어나 시골집으로 달려갔더니 침대에 누워 끙끙대며 "이게 웬일이랴."는 말을 되풀이하고 있었다. 시골집 뒤편에는 엄나무, 두릅나무가 작은 숲처럼 빽빽하다. 엄마는 매년 봄에 새순이 돋아나면 그 순을 따서 팔아 꽤 짭짤한 소득을 올리곤 했다. 그 엄나무 순과 두릅나무 끝에 난 순을 따다가 중심을 잃고 뒤로 넘어져 사고를 당한 것이다.

구급차를 불러 의료원 응급실에 도착해 검사받고, 다시 입원할 수밖에 없었다. 며칠이 지난 후 엄마에게서 전화가 왔다. '쓰메끼리'(손톱깎기) 좀 갖다 달라고 한다. 간호병동이라 돌보는 이가 엄마의 손톱을 잘라줄 모양이다. 가져다드리겠다며 전화를 끊고 나서 문득, 엄마의 오른쪽 검지에는 손톱이 없다는 것이 새삼 떠올랐다.

초등학교 3학년 때 늦여름 오후였다. 집 안에는 소여물을 써는 작은 헛간이 있었다. 저녁 무렵이면 논이나 밭에서 일하고 돌아온 아버지와 엄마는 그곳에서 소여물을 작두에 썰곤 했다. 그날도 아버지가 작두 옆에 앉아 베어 말린 풀을 작두날에 먹이고, 엄마는 작두 손잡이를 잡고 위에서 아래로 누르며 썰고 있었다. 어린이였던 나는 작두를 눌러 여물을 써는 힘이 부족했다. 한참 작두를 누르던 엄마가 아버지에게 이렇게 말했다.

"아이고 힘들어. 내가 멕일 테니 아베(당신)가 쓸어(썰어) 보유."

엄마의 제안에 아버지는 아무런 말 없이 일어나 작두 손잡이를 잡았다. 이른 새벽부터 저녁 무렵까지 이리저리 몸을 움직이며 일했으니, 엄마는 작두 누르는 것이 힘겨웠던 모양이다. 그렇게 서로 역할을 교대하고 몇 번 아버지가 작두 손잡이를 내리눌렀나 싶은데, 갑자기 '아악'하는 엄마의 외마디 비명이 터졌다. 느른하게 흐르던 저녁 무렵 시골집 공기가 갈가리 찢기는 듯했다. 헛간 옆에 서 있던 나는 놀라 나도 모르게 헛간 벽에 등을 붙였다.

벌떡 일어난 엄마의 손에서 붉은 피가 튀어 올랐다. 비명을 멈추지 않는 엄마는 마루 구석에 눟쳐져 있던 걸레로 손가락을 감쌌다. 아버지는 부엌으로 달려가 하얀 사발 한 개를 들고 나왔다. 후다닥 고무신을 벗고 마루에 올라 안방으로 들어가더니 '아까징끼'라고 부르는 붉은 색 물약을 사발에 콸콸 따랐다. 그러더니 감싼 걸레를 풀고 엄마의 손가락을 담그게 하였다. 아마도 응급처치라고 여긴 모양이었다. 그 붉은 물약에 피가 흐르는 손가락을 담근 순간, 엄마는 더 크게 비명을 지르며 손가락을 뽑아냈다. 숨이 막힐 듯한 장면에 나는 헛간 벽에서 여전히 등을 떼지 못하고 굳은 듯 바라보고만 있었다.

그렇게 비명을 지르며 한참을 허둥대던 엄마는 빨랫줄에 널어놓은 수건 한 장을 걷어 손가락을 감싸더니 면 소재지 쪽으로 난 길을 달려가기 시작했다.

그 당시 우리 집은 전기가 들어오지 않은 상태였으니 전화도, 구급차도, 택시도 상상할 수 없는 환경이었다. '아홉 마지기'라고 부르는, 커다란 논배미 옆에 난 길을 엄마는 허둥대며 달려가고 있었다. 마당으로 나온 나는 커다란 감나무 아래에 붙박힌 듯 서서 멀어져가는 엄마의 뒷모습을 바라보고 있었다. 얼마 후 마을 초입 고개인 당재를 넘어가 보이지 않을 때까지 그렇게 서 있었다. 엄마의 뒷모습이 사라지니 불현듯 현기증이 일었다.

면 소재지에서 운영하는 보건소에서 응급조치를 받고 엄마가 집으로 돌아온 건 어둠이 짙어져 등잔불을 켜고 있을 때였다. 다음날 학교에서 돌아오니 옆 동네에 사는 이모 둘이 소식을 듣고 찾아와 안쓰러운 눈빛으로 엄마 앞에 앉아 있었다. 그때 아버지는 이모들에게 다음과 같은 이야기를 들려준다. 엄마가 보건소로 달려간 후 여물 더미를 뒤적거려 보니, 아니나 다를까 잘린 손가락 한 마디가 여물 속에 있더란다. 어떻게 할까 생각하다 종이에 잘 싸서 대문 앞에 자라는 커다란 물앵두나무 아래에 파묻었다고 한다. 엄마는 이때 자신의 신체 일부가 잘려져 장례를 치렀던 것이다.

그날 이후로 엄마 대신 내가 소여물을 써는 작두 손잡이를 잡게 되었다. 힘도 달리고 서투른 나는 작두날을 들어 올렸다 내리누를 때마다 불안한 느낌이 들었다. 그런데 아버지는 태연한 표정으로 들어 올린 작두날에 여물 거리를 덕이는 것이다. 여물 거리를 두 손으로 움켜쥐고 작두날에 먹여야 하는데, 작두에 먹이는 일에 서툰 엄마는 방심하며 자신도 모르게 손가락 하나를 폈을 것이다.

언젠가 엄마에게 어떻게 참으며 보건소로 달려갔느냐고, 어떤 심정이었냐고 넌지시 물어보았다. 언젠가는 꼭 물어보고 싶은 말이기도 했다.

"오머니, 오머니, 니 외할머니를 부르며 달려갔어야."
엄마는 당신의 엄마인 외할머니를 연신 부르면서 보건소까지 달려갔다고 담담하게 대답한다. 그러면서 한마디를 보탠다.
"니 막내 동생이 배 속에 있을 때여. 우리 그때 참 불쌍허게 살았어, 잉!"
그 소리가 마음이 턱 걸려 아무런 대꾸도 못 하고, 엷은 헛기침을 하며 숨을 가다듬었다.

그 사고를 당한 후 엄마는 남에게 그 손가락이 보일까 봐 조심했고 아무렇지 않은 듯 행동했다. 낼모레면 어버이날이다. 의료원 병상에 누워 있는 엄마에게 꽃을 한 다발 사 들고 찾아가려고 한다. 나이 든 아들에게 꽃다발을 건네받는 엄마는 손가락 하나가 뭉툭해졌다는 걸 잊은 채 함박웃음을 터트릴지도 모른다. 그때 나는, 그 뭉툭한 옴마의 손가락이 가리키는 방향이 어디인가, 눈치채지 않도록 진중하게 살펴볼 생각이다.

무릎 꿇은 암소
- 지가 허께유!

 어느 해 11월 중순, 퇴근 시간이 가까워지는 시간이었다. 나와 같이 2층 사무실에서 일하고 있는 사람들이 창밖을 내다보며 첫눈이 온다며 술렁인다. 컴퓨터 자판을 두드리던 나도 덩달아 창밖으로 눈길을 돌렸다. 그 해 들어 첫눈은 맞는데, 소담스러운 함박눈이 아니라 바람을 타고 푸실푸실 흩뿌리는 포슬눈이었다. 기온이 갑자기 내려간 데다 바람까지 세차게 부니, 사람들은 웅크린 자세로 종종걸음을 치며 다녔다. 하지만 첫눈이 안겨주는 어떤 기대와 설렘이 있는지 표정들은 밝아 보였다.

 사무실로 전화가 걸려 왔다. 고압선 전주에 올라 작업하던 나와 친밀한 사이인 그가 감전되어 의료원 응급실로 긴급 호송되었다는 내용이었다. 놀란 나는 후다닥 책상을 정리한 다음 가방을 챙겨 들고 사무실을 나서는데 다시 전화가 걸려 왔다. 수화기를 든 내 귀에 딱 한 마디가 박히고 그 다음은 들리지 않았다.

"죽었대."

스르르 수화기를 내려놓고 나니, 서 있는 발밑에 아득한 벼랑이 펼쳐진 듯한 느낌이 들었다.

그는 12미터 전주에 올라 작업하다 고압 전류에 감전되어 아스팔트 바닥으로 추락하여 잠시 후에 사망했다. 근처에서 목격한 사람에 의하면 뒤로 떨어질 때 안전모가 벗겨지는 바람에 머리가 깨져 피를 많이 흘렸다고 한다. 몸을 몇 번 뒤틀더니 곧 잠잠해지더란다. 그가 그렇게 생의 마침표를 찍은 나이는 32살이었다.

그는 자신의 문중 묘지 아래쪽에 묻혔다. 하늘나라 갔다고 했는데 왜 아빠를 땅속에 묻느냐고 칭얼거리다 흙을 덮고 발로 다지는 사람들에게, 우리 아빠 아프니까 밟지 말라고 울부짖어 모여 있던 사람을 울게 한 4살 딸내미가 있었다. 그 옆에 태어난 지 백일도 안된 꼼지락거리는 아들과 눈이 사슴처럼 커다란 아내를 남기고 그는 그렇게 스러져갔다.

지독하게 불행한 인생이라 여기며 침울하게 고개를 떨구고 장례식장을 드나들던 중이었다. 그런데 문상하러 온 사람들의 특이한 모습 때문에 다시 고개를 들고, 그들이 지어내는 풍경에 눈길을 두게 되었다. 찾아온 사람들은 한결같이 죽은 그를 애도하면서 자신의 삶을 반성하고 있는 공통점을 발견하게 된 것이다. 죽은 그는 언제나 다정하고 성실했다고 입을 모은다. 동료에게 어려운 일이 생기면 자기 일처럼 여기고, 나누어 짊어지려 했다는 것이다. 문상 온 사람들은 한결같이 그를 평가하며 그처럼 하지 못하고 있는 자신을 고백하고 있었다.

산자락 아래 동네에서 7남매 가운데 막내로 태어난 그는 형제들이 모두 대처로 흩어져 나갔지만, 노쇠한 부모가 염려되어 고향을 떠나지 못하고 있었다. 농사철이 되면 희붐한 새벽에 일어나 부모가 계시는 시골에 가서 농사를 일구고 돌아와 씻고 자신의 일터로 달려갔다. 회사에서 주저하며 서로 눈치 보는 일이 생기면, "지가 허께유!" 하면서 그 일에 가장 먼저 다가가 물꼬를 터서 해결하곤 했다고 한다. 그런 일이 잦아서인지 직장동료들은 아예 그의 이름은 제쳐두고 '지가 허께유'라고 별명을 지어 불렀다고 한다. 죽은 그의 형제들과 직장동료들이 그에 대해 이야기를 나누며 자신들의 삶을 뉘우치며 비통해하는 모습을 바라보다 보니 문득, 어릴 적 시골에서 벼 바심(탈곡)하는 날 풍경이 떠올랐다.

경운기가 없던 시절이었다. 농촌에서 많은 짐을 실어 나르며 힘을 쓰는 일은 마을의 몇몇 부잣집 암소가 도맡아 했다. 그 암소들은 들에서 일을 끝마친 후 멍에를 풀어 내리면, 스스로 자신의 외양간으로 들어가 있을 정도로 영리하고 순종적이었다. 종일 일하느라 배가 고플 텐데도 둑에 세워 말리고 있는 나락에 걸음 한 번 멈추지 않고 묵묵히 자기 집을 찾아 걸어갔다.

탈곡하기 전날에는 논둑에 세워 말린 볏단을 암소가 끄는 달구지에 그득그득 실어와 주인집 마당에 차곡차곡 누리를 쌓는다. 새벽부터 저녁 어스름까지 암소는 볏단을 실은 달구지를 끌어야 한다. 일이 거의 끝날 저녁 무렵이면, 마무리인지라 사람들은 무리해서라도 남은 볏단을 달구지에 남김없이 올려 싣고 암소를 닦달하여 달구지를 끌고 가게 한다.

 지칠 대로 지친 암소는 야트막하게 경사진 중간쯤에서 더 이상 오르지 못하고 멈춘다. 사람들은 엉덩이를 후려치기도 하고, 소리 지르며 뒤에서 밀기도 한다. 하지만 암소가 힘을 쓰지 못하는 상황에서는 소용없는 일이다. 이제 달구지가 아래로 밀려나면 엄청난 일이 벌어질지도 모르는 상황이다. 바로 그때, 암소는 앞다리의 무릎을 꿇으며 버틴다. 달구지가 뒤로 밀려나지 않게 하려는, 경험 많은 일소가 할 수 있는 최선의 방법이었다. 애를 쓰느라 입 주위에는 흰 거품이 가득하고, 모여 있는 사람들을 암소는 커다란 눈망울을 두룩두룩 껌벅이며 바라보았다.

 그제야 사람들은 사태의 심각성을 깨닫고 아까와는 결이 다른 소리를 지르며 달구지에 쌓인 볏단을 땅으로 내팽개치듯 끌어 내렸다. 한참 후 빈 달구지가 되었을 때도 암소는 여전히 무릎을 꿇고 있었다. 사람들은 암소를 일으켜 세운 다음 달구지에서 떼어내 탈곡할 주인집 마당으로 데리고 갔다. 그리고 미리 콩을 듬뿍 넣고 삶은 여물이 담긴 통을 두 사람이 마주 들고 와 암소 앞에 턱 내려 놓았다. 암소는 우물거리며 여물을 맛나게 먹기 시작한다. 이따금 지친 숨을 크게 내쉴 때마다, 여물통에서는 하얀 김이 펑펑 솟아올랐다.

첫눈 오던 11월 어느 날, 고압 전류에 감전되어 냉랭한 아스팔트 바닥에 머리를 부딪쳐 죽은 그 사내가 옛날 시골에서 볏단을 실은 달구지를 끌던 암소 같다는 생각이 들었다. 그가 떠난 이후 해마다 이맘때가 되면 그의 짧았던 생애를 떠올린다. 모쪼록 이 글이 작은 헌사라도 되기를 소망한다. 또한 광활한 천수만의 들판으로 날아가는 철새의 날갯짓처럼 자유로운 영혼이기를 기도한다.

✦

그가 떠난 이후
해마다 이맘때가 되면
그의 짧았던 생애를 떠올린다.
모쪼록 이 글이
작은 헌사라도 되기를 소망한다.
또한 광활한 천수만의 들판으로
날아가는 철새의 날갯짓처럼
자유로운 영혼이기를 기도한다.

그해,
폭탄은 해체되었다

"

오늘은 스승의 날이다. 50년 가까이 지났지만, 아직도 또렷한 기억 속에서 떠오르는 선생님이 한 분이 있다. 6학년 때 담임 선생님이다. 내가 다니던 초등학교는 면 단위치고는 규모가 제법 큰 학교였다. 바다에서 풍부하게 나오는 갖가지 해산물 때문에 거주하는 사람이 많았다. 각 학년에 4학급씩 한 교실에는 70명 가까이 되는 아이들이 모여 있는 이른바 '콩나물교실'이었다.

   이십 대 중반을 살짝 넘은 나이에 신혼이었던 담임 선생님은, 단호하며 행동거지가 정갈한 청년이었다. 선생님이 교실에 있을 때 학급 분위기는 고학년 교실답게 평온했다. 하지만 선생님이 수업을 마치고 교실을 나가면, 순식간에 거센 소나기 내린 후 흙탕물이 뒤섞인 하천처럼 변하고 만다. 이른바 '폭탄'이라고 지목되는 대여섯 명의 사내아이들 때문이었다. 좁은 공간에 아이들이 빼곡하게 모여 있다 보니, 평소 산이나 바다로 뛰어다니던 아이들은 바탕의 심성과는 달리 행동이 거칠었다. 더구나 최고 학년이라 눈치 볼 일도 없었다.

그 당시에는 반장과 부반장은 학업성적이 좋은 아이를 담임이 지목하여 임명하는 것이 관행이었다. 반장과 부반장은 선생님이 교실에 없을 때 아이들을 통솔하고, 선생님이 전하는 내용을 대신 전달하는 임무를 맡고 있었다. 하지만 선생님이 없는 교실은 그 폭탄파 아이들에게 곧바로 점령당하곤 했다. 녀석들은 보통 아이들보다 뼈가 굵고 저돌적인 성향이었다. 선생님에게 지목과 칭찬을 많이 받는 공부를 잘하는 이른바 '공부파' 아이들은, 선생님이 교실을 비우게 되면 폭탄파 아이들의 눈치를 살피며 전전긍긍했다. 그러다가 선생님이 교실로 오는 슬리퍼 끄는 소리가 들리기 시작하면, 적군이 지나는 길에 매복한 군사들처럼 금세 분위기가 뒤바뀌었다. 그러다가 수업을 마치고 교무실로 돌아가며 나무 복도를 끄는 선생님의 슬리퍼 소리가 잦아들면 바로 그때가 시한폭탄들이 터지는 시간이다. 10분 남짓한 짧디짧은 시간이지만, 폭탄파 아이들의 해방구는 환호와 함께 일어나는 뿌연 먼지 속에서 활짝 열리게 된다.

새 학기 들어 이와 같은 상황이 반복되자 무력하기만 했던 공부파 아이들이 드디어 반란을 일으켰다. 수업이 끝나 청소를 마치고 아이들이 돌아간 어느 날 교실에 남아 담임과의 면담을 요청한 것이다. 말이 좋아 면담이지 폭탄파 아이들을 고자질해서 박살 나게 하자는 게 목적이었다. 공부파 아이들의 이런 행동은, 담임이 무조건 자신들의 편이라고 확신하지 않고는 시도할 수 없는 승부수였다. 반장과 부반장을 비롯한 몇몇 아이들은 울먹이기까지

하면서 선생님이 교실에 부재했을 때 폭탄파 아이들이 자행하는 만행(?)들을 소상히 까발리기에 이르렀다. 폭탄파 아이들의 행동을 몸짓으로 흉내 내며 실감 나게 재현하는 아이도 있었다.

세세하고 절절하기까지 한 공부파의 하소연을 다 듣고 난 선생님은 아이들을 진지한 눈길로 한참 동안 바라보더니, '이건 비겁한 짓이다', 라고 단호하게 내뱉았다. 순간, 공부파 아이들은 당혹스러운 표정으로 바뀌었다. 선생님의 입에서 내일 당장 너희들이 지목한 폭탄파 녀석들을 잡도리해서 조용히 공부하는 학급 분위기로 바꾸어 놓겠다는 대답을 기대했는데 비겁하다는 소리를 듣다니 말이다. 이는 전혀 생각지도 못한 말이었고 뭔가 잘못돼도 한참 잘못된 일이었다.

이어 선생님은 잔잔하게 바뀐 목소리로 설명을 덧붙였다. "친구들 간의 문제는 스스로 해결하도록 우선 노력해 봐야 한다. 그것이 정 안 됐을 때 선생님하고 의논해야 한다. 그래서 반장과 부반장을 임명한 것 아니냐. 자신은 학급 분위기가 이 정도까지인 줄은 몰랐다. 내일 이 문제를 싹 해결할 테니 걱정하지 말고 돌아가 오늘 내준 숙제나 열심히 해오라"는 것이 요지였다.

집으로 돌아가는 공부파 아이들은 매우 흡족해서 발걸음이 가벼웠다. 내일 폭탄파 녀석들은 늘 그랬듯이 숙제를 안 해 올 것은 분명하다. 꼼꼼한 선생님이니 그냥 넘어갈 리 없다. 게다가 선생님이 우리가 말한 문제를 싹 해결한다고 다짐했지 않은가. 그 앓는 이 같은 폭탄파 녀석들이 서슬푸른 선생님에게 납작하게 눌리는 꼴은, 상상만 해도 너무나 오진 일이기 때문이었다.

다음날, 공부파 아이들은 평소보다 일찍 학교에 왔다. 드디어 첫 수업 전 알림 종이 울렸다. 공부파 아이들은 눈빛을 은밀하게 주고받으며 미소도 지었다. 마른침을 삼키는 아이도 있었다. 교탁에 선 선생님은 두어 번 헛기침하며 가다듬더니 이렇게 말했다.

"우리 반이 더 활기차고 재미있게 공부하기 위해 분단을 잘 관리할 분단장을 뽑으려 한다."

이러면서 어제 오후에 공부파가 고자질한 폭탄파 아이를 한 명 한 명 이름을 부르고 일어서게 한 뒤, 분단장에 임명하는 것이 아닌가. 심지어 날마다 꼼꼼하게 확인하던 숙제 검사도 스리슬쩍 넘어가며 곧바로 1교시 수업에 돌입했다. 예기치 못한 선생님의 행동에 폭탄파 아이들은 입과 눈이 크게 벌어졌다. 이에 반해 기대에 부풀어 마음이 들떴던 공부파 아이들은 바람 빠진 고무공 같이 우글쭈글한 기색이 역력했다.

놀라운 일이 빠르게 일어났다. 1교시가 끝나고 교무실로 가는 선생님의 슬리퍼 소리가 잦아들었는데도 폭탄파 아이들의 행동이 어제와는 달리 수더분해진 것이다. 이 시간이면 녀석들은 소리 지르며 뛰어다니거나 칠판에 낙서하는 것은 기본이고, 책상 위에 올라가 공중 부양하다 앉아 있는 공부파 아이들에게 다가와 펼쳐놓은 책을 덮어버리고 헤드락 걸어 기권 받아내는 등 별짓을 다 해야 하는 데 말이다. 폭탄파 아이들을 분단장에 임명한 이후 선생님은 종종 폭탄파 아이들의 이름을 부르며 칭찬하기도 했다. 이렇게 이상하고 믿기 힘든 현상은 우리가 졸업식장에서 '잘 있거라 아우들아, 정든 교실아, 선생님, 우리들은 물러갑니다'라는 답가를 부르고 교문을 나갈 때까지 이어졌다.

나중에 피그말리온 효과라는 이론을 만나게 되었다. 자성적 예언이라고 해석하기도 한다. 교사가 학생에게 어떤 기대를 하고 인정했을 때, 그 학생은 교사가 기대하는 방향으로 변화한다는 교육심리학 이론이다. 이 이론을 되작거리다 보니 예전 폭탄파 아이들도 선생님에게는 관심을 두고 이름을 불러주어야 할, 깨물면 똑같이 아픈 손가락이었다는 사실을 깨닫게 되었다. 자신들에게 분단장이란 직책을 부여하고 이름을 부르며 관심을 두는데 바탕이 순정한 아이들이 어찌 엇나갈 수 있겠는가.

세월이 흘러 중년이 되었을 때다. 선생님을 모시고 기념하는 이른바 '반창회(班窓會)'라는 행사를 연 적이 있다. 예전 공부했던 6학년 교실에 모인 우리는 감회에 젖어 이런저런 이야기를 나누기에 여념이 없었다. 얼마 후 저 멀리 운동장 끝에서 선생님이 걸어오는 걸 본 몇몇 친구들이 벌떡 일어나 달려 나가 모시고 들어왔다. 그들은 대부분 폭탄파에 속했던 아이들이었다.

교육 환경이 열악하기 그지없는 1970년대, 좁은 공간에 빼곡히 모여 있는 아이들을 아우르며 일 년을 가르친다는 건 너무나 힘겨운 일이었다. 그 당시 학교에서 아이들을 가르치고 관리하는 방식은 폭력적이고 비상식적인 경우

✤ 나중에 피그말리온 효과라는 이론을 만나게 되었다.
'자성적 예언'이라고 해석하기도 한다. 교사가 학생에게 어떤 기대를 하고 인정했을 때,
그 학생은 교사가 기대하는 방향으로 변화한다는 교육심리학 이론이다.

가 대부분이었다. 그런 분위기 속에서도 아이들의 마음을 읽어내며 차별 없이 보듬고, 웅숭깊은 지혜를 발휘하며 우리를 가르친 교사가 있었다. 스승의 날인 오늘, 아름다웠던 기억을 정리하다 보니 우리의 6학년 담임이었던 선생님이 오롯하게 떠오르며 감사한 마음이 가득 차오른다.

우리 동네
어떤 형

어릴 적 나와 엇비슷한 또래 아이들은 나보다 2살 많은 형네 집 마당에서 자주 모여 놀았다. 그의 집은 각각 흩어져 있는 우리들의 집 중간쯤에 있는 데다 마당이 단단하고 넓어 팽이치기, 구슬치기, 딱지치기, 자치기 등의 놀이를 하기에 적당했다. 하지만 우리가 그의 집으로 모이는 또 다른 이유가 있었다. 그 형은 우리 모두를 아주 즐겁게 하는 비상한 재능이 있었기 때문이다. 그는 동네 아이들이 자신의 마당으로 모인다는 걸 알기에 늘 집안에서 입는 헐렁한 옷을 걸치고 어슬렁거리며, 우리가 올 줄 알고 있었다는 듯 심드렁한 표정으로 맞이하곤 했다. 그는 종이와 연필만 있으면 과자 부스러기 떨어진 곳에 개미 떼 모이듯 우리를 자신의 주변으로 둘러서게 할 수 있었다.

언젠가 그 형은 연필과 공책을 들고 마루에 서서 집안 뜰로 들어온 우리를 보고 얼굴을 그려줄 테니 원하는 사람이 있느냐고 물었다. 물론 예나 지금이나 이런 경우 불쑥 나서는 아이가 있게 마련이다. 그 형은 자청한 아이를 흘끔 쳐다본 다음 연필을 바로잡고 공책에 쓱쓱 그리더니 모여 있는 우리에게 보여주었다. 그런데 누가 봐도 그려 달라고 한 아이의 모습이 분명한데, 어딘가 좀 엉뚱하게 그려져 있는 것이다. 표정이 과장되고, 부모에게 크게 혼난 뒤 우는 듯한 우스꽝스러운 모습이 아닌가. 모여 있던 우리는 그 형이 들고 있는 그림과 당사자인 아이를 번갈아 보며 손바닥을 마주치며 배가 아프도록 깔깔대며 웃었다. 그려달라고 한 아이는 창피해서 어쩔 줄 모르다가 나중에는 자신도 모르게 우리들의 웃음소리에 감염되어 더 크게 웃어대고 있었다. 그렇게 그 형은 자신의 그림 솜씨로 장난을 치며, 모인 우리가 웃는 모습을 즐기고 있었다. 그 형의 그림 솜씨를 알게 된 우리는 그의 집에 모일 적마다 얼굴을 그려달라고 졸랐다. 달라진 점은, 자신을 그려달라고 청하는 대신 옆에 있는 아이를 가리키며 그려보라고 곰살맞은 표정을 지으며 그를 바라보는 것이었다.

여름철 동네 아이들은 밀물이 들어오는 오후 시간이 되면 바다로 몰려갔다. 그 밀물에 몸을 담그고 맘껏 몸을 놀리며 노는 물놀이는 아이들이 가장 좋아하는 놀이였다. 백사장에서 바라보면 저만치서 천천히 갯벌을 덮어가며 밀물이 다가온다. 온갖 가지 생물들이 뚫어놓은 구멍과 낙지 캐는 장정들이 파놓은 구덩이를 메우며 여기저기서 꼬르륵꼬르륵 소리가 난다. 이십여 분 정도 후면 백사장 초입까지 물이 가득 들어차며 어른 키를 넘길 만큼 수심이 깊어지며 남실거릴 것이다. 물에 들어가기 전, 둑에서 뜯어온 쑥잎을 돌에 올려놓고 콩콩 찧어 두 귓구멍을 틀어막는다. 다음으로 위아래 하나만 입고 있는 옷을 훌렁 벗어 주먹 크기의 돌을 올려놓는다. 팬티라는 속옷이있다는 걸 알지 못하던 시절이었다. 발가벗은 아이들은 천천히 밀려오는 밀물을 바라보고 소리 지르며 달려간다.

그런데 달려가던 우리는 우뚝 걸음을 멈추고 허리를 굽혀 조그마한 게를 집어 든다. 등딱지가 네모난 다른 게와는 달리 작은 밤알처럼 동그랗고, 몸 전체 껍질이 아주 거칠고 단단한 녀석이다. 밤톨처럼 생겼다고 해서 밤게라고 불렀다. 이 밤게들은 백사장에서 가까운 모래가 많은 갯고랑에 주로 살아가고 있었다. 조그만 데다 단단해서 식용으로는 어울리지 않아 사람들은 거들떠보지도 않았다. 그런데 어느 여름날, 물놀이하러 백사장에 모인 우리에게 그 형은 밤게 한 마리를 들고 자신에게 주의를 집중시킨 다음 이렇게 말했다.

"애들아, 이 그이(게) 등딱지를 까면 공부를 잘헌댜. 나는 엇그저께 깠지롱."

다른 동네 어떤 아이가 은밀히 자신에게 알려주었다며, 짐짓 진지한 표정으로 발가벗고 서 있는 우리에게 일러주는 것이다. 물론 그도 발가벗은 채였다.

설핏 의구심이 들었지만, 그는 철딱서니인 우리보다 의젓해서 신뢰하는 바가 컸다. 게다가 공부도 꽤 잘하는 편이었다. 공부는 잘하고 싶은데 하기는 싫었던 우리는, 그의 말을 믿어 의심치 않고 물놀이하러 올 때마다 밤게를 주워 들고 힘을 쓰느라 얼굴을 찡그리며 등딱지를 까보려고 애를 썼다. 어른도 떼어내기 어려운 밤게 등딱지를 어린 우리가 성공할 수 없었다. 한참을 조그만 밤게를 두 손으로 붙들고 실랑이하다 보면 어느새 밀물이 발목까지 차올라 일렁이고 있었다.

그 순간, 우리는 공부고 뭐고 다리 하나 부러뜨리지 못한 밤게를 밀물로 가득한 갯벌 아무 데나 휙 던져버리고 소리를 지르며 밀물 속으로 달려갔다. 천천히 밀려오는 밀물을 기다리기 지루한 시간을 메꾸기 위해 그가 짜낸 놀이라는 걸 나중에야 깨닫게 되었다. 언젠가 고개를 숙인 채 두 손에 게를 들고 용을 쓰다가 문득, 팔짱을 낀 채 입을 가로로 쭉 늘이며 우리를 바라보고 있는 그와 눈이 마주쳤다. 그때 그는 나를 보고 한쪽 눈을 재빠르게 찡끗 감았다 떴다.

80년대 중반이었다. 추석 명절이 되어 집안 어른인 그 형의 아버님께 인사 드리러 갔더니, 그는 전방에서 현역 군 복무를 마치고 복학하기 전 집에서 잠시 쉬고 있었다. 그 당시 징집 대상자인 우리는 너나 할 것 없이 군대 징집에서 빠지려고 갖은 꾀를 냈다. 방위라고 부르는 단기 복무로 빠지려고도 애썼다. 심지어 소여물을 써는 작두에 손가락 마디 하나를 자르는 극단적인 방법으로 군 징집을 피하려는 녀석도 있을 정도였다.

제대한 그에게 지금 우리 또래들의 분위기를 들려주며 어떻게 그렇게 소문도 없이 군 생활을 견디고 제대했느냐고 넌지시 물었다. 내 물음에 그는 허공에 시선을 두면서 이렇게 말하는 게 아닌가.
"나는 전혀 그런 생각은 하지 않았어. 색다르고 좋은 경험을 할 수 있는 여

연리지가 된 사람들

행이라고 여기며 지냈어. 그렇게 생각하니 훨씬 적응도 편하고 시간도 잘 가더구먼."

모두 꺼리며 피하려던 군 복무를 밭일하다 한나절 오일장 다녀온 사람처럼 무덤덤하게 들려주었다. 나는 독특하고 긍정적인 세계관이 녹아 있는 그의 말을 들으며, 인생의 철리(哲理)를 깨달은 것 같은 뿌듯한 마음이 들었다.

우리 고향에는 바다를 마주한 도비산이라고 부르는 높은 산이 있다. 그 산 중턱에 부석사라는 천년고찰이 있다. 부석(浮石)이라는 지명이 생기게 된, 창건에 얽힌 전설도 있다. 몇 년 전, 일본 대마도에 소재한 관음사에 안치돼 있던 금동관음좌상을 우리나라 사람이 훔쳐 밀반입하려다 적발된 사건이 널리 알려지게 되었다. 불상의 복장물을 조사하니, 지금으로부터 1330년 전 고려 말 우리 고향에 있는 부석사에서 조성하여 안치된 불상이라는 사실도 밝혀졌다. 역사학계에서는, 674년 전, 천수만에 빈번하게 출몰했던 왜구에 의해 침탈당한 것으로 추측한다. 이를 두고 불상 조성과 안치의 당사자인 부석사와 일본 관음사 사이에 소유권 분쟁이 언론에 보도되며 널리 알려지게 된 것이다. 결국 일본 대마도 관음사가 승소하여 머지않아 다시 대마도로 옮겨질 예정이다. 서울의 어느 미대를 졸업한 뒤 고등학교에서 아이들을 가르치다 퇴직하고 작품에 전념하고 있는 그 형은, 이 소식을 듣고 그 금동관음보살좌상을 그림으로 재현하여 부석사에 기증했다. 그의 어머니가 평생 도비산 중턱의 부석사에 올라 불공을 드리던 신도이기도 한 데다, 고향을 사랑하는 그의 마음이 웅숭깊기 때문이기도 하다.

그 형은 자신이 태어나고 자란 고향에 대한 애정이 각별한 사람이다. 그가 고등학생 때까지 존재했던 천수만 갯벌에 대한 가슴앓이에 가까운 향수가 그의 작품 곳곳에 드러나 있는 걸 보면, 짐작은 어렵지 않다. 갯벌과 육지 사이를 가르는 둑을 원둑이라 불렀다. 그 원둑 너머에는 어릴 적 우리의 호기심을 솟게 하는 온갖 풍경들이 펼쳐져 있었다. 얼마 전 '땅의 기억-원둑 너머 이야기'라는 제목이 붙여진 그의 그림 작품을 보게 되었다. 그는 잠을 못 이룰 때, 자애로운 할머니의 품 같은 원둑의 풍경을 떠올리며 잠이 들곤 한다고, 작품에 자신이 그리워하는 마음을 고백하고 있었다.

사라진 고향 바다와 그 바다를 중심으로 살아가던 원형적 풍경에 대해 글을 쓰고 있던 나는, 오랫동안 헤어졌던 정다운 이를 다시 만나게 된 듯한 마음이 들었다. 얼마 후 마주한 그에게 내 글과 당신의 그림을 얽어 책으로 내보면 어떻겠느냐고 제안했다. 그는 마치 기대하고 있었다는 듯 흔쾌히 응낙하고, 내가 쓴 글에 그림을 그려 넣는 작업을 하게 되었다.

그 형은 나와 유소년 시절을 같은 공간에 살던 이운구 화가이다.

내 나이가 어때서

"

쾌활함과 여유로운 마음이 천성(天性) 같은 친구가 얼마 전에 겪은 자신의 일상 하나를 들려준다. 아파트 엘리베이터 안에서 만난 다섯 살쯤 돼 보이는 아이가, "할아버지, 안녕하세요."라고 인사를 하더란다. 할아버지라는 호칭에 너무 낯설어 잠시 대답을 못하고 머뭇거렸다고 한다. 하지만 그답게 유쾌한 표정을 얼른 되찾고는 지갑에서 지폐 한 장을 꺼내주며 이제부터는 형이라고 부르라고 진담을 밑장에 깔고 농담처럼 권유했단다. 그 꼬마는 지폐에 대한 가치를 이해하는지 재빠르게 건네받더니 흔쾌히 고개를 끄덕이더란다. 그런데 옆에 있던 젊은 엄마가 자신의 아이에게 생각지도 못한 적잖은 수입이 생기는 걸 보고 평정심을 잃었는지 "고맙습니다, 어르신." 하더란다. 낚시에 끌려오다 떨어진 물고기를 보는 것처럼 김샜다며 투덜댄다. 그 친구는 자신의 집을 코앞에 두고 하릴없이 가산만 탕진한 셈이다.

친구가 올린 이야기를 읽고 나서, 예전 기억이 불쑥 솟아올라 이야기로 엮어봐야겠다는 생각이 들었다. 몇 년만 더 세월이 지난다면 이 솟아오른 나의 기억은 흔해 터진 이야기로 변할 것이고, 오래된 옷을 담아놓은 박스처럼 부지불식간에 사라질지도 모르기 때문이다.

"야이야야, 내 나이가 어때서. 사랑하기 딱 좋은 나인데-"
우리 동네 표현을 빌리면, 50살에 약간 뿔이 난 나이였다. 나는 시내에서 조금 떨어진 동네 건물 3층 사무실 책상에 앉아 컴퓨터로 문서를 만들고 있었다. 내가 있는 건물에서 길을 사이에 둔, 맞은편 1층 정육점에서 틀어놓은 중년 이상인 사람들에게 익숙한 대중가요들이 30분 간격으로 재생되어 들려온다. 몇 날 며칠을 듣다 보니 나도 모르게 가사와 음정이 외워져 속으로 따라 부르게 될 정도였다. 그런데 그날은 무덤덤하게 듣던 정육점의 노래 가사 하나가 탁 내 마음에 걸리며 사라지지 않고 뱅글뱅글 돌고 있다. 그 노래는 그 당시 인생의 황혼기에 다다를 사람들에게 크게 공감을 일으키며 유행하던 노래였다. 그 노래가 마음에 걸린 것은, 오전에 아르바이트하는 야채가게에서 내 생애에 처음 겪었던 '충격적인 사건' 때문이었다.

그 당시에 나는 매일 아침 7시부터 12시까지 고향 친구가 경영하는 야채가게에서 아르바이트하고, 오후부터는 아이들에게 논술을 가르치는 일을 하고 있었다. 어느 날 퇴근 시간이 얼마 남지 않은 시간이었다. 두세 살 정도로 보이는 아기를 포대기에 싸서 업고 있는 60이 넘어 보이는 초로의 여인 하나가 가게에 와서 무를 뒤적거리고 있었다. 허리를 숙인 여인의 등에 업힌 아기는 얼굴을 들고 곁에 있는 나를 바라보았다. 나는 아기에게 더 가까이 얼굴을 들이밀고 '까꿍, 까꿍' 소리를 내며 아기를 웃겨보려고 장난을 쳤다. 무를 다 뒤적거리던 그 초로의 여인은 천천히 몸을 펴면서 나를 쳐다보지도 않은 채 이렇게 말하는 것이 아닌가.

"할아버지두 애기를 어지간이 좋아하시네유, 잉."
그 소리에 나도 모르게 순간적으로 이렇게 소리쳤다.
"할아버지유?"
다급하게 내뱉은 목소리에 그녀는 여전히 느릿하게 몸을 반듯이 펴고 나서 내 얼굴을 물끄러미 바라본다. 그러더니 아무렇지도 않게 말하는 것이다.
"할아버지 아니었슈?"
짧은 그녀의 어투에는 '할아버지가 맞는 데 왜 그러슈?'라는 의미와 다르지 않음을 확연하게 느낄 수 있었다. 태어나서 처음 들어보는 낯설고 민망하고 혼란스럽기까지 한 할아버지라는 호칭이었다. 50살 초반에 불과한 나를, 그녀는 그 짧은 시간에 두 번씩이나 죽이고 있었.

'아, 이 할망구가 사람 보는 눈이 이리도 없나?'
역정이 솟구쳐 올랐다. 그러나 어쩌랴. 그녀는 손님이고, 나는 친절하게 응대해야 하는 직원 아닌가. 다행히 다들 분주해서 우리 말에 귀 기울이는 사람이 없다는 게 다행이라면 다행이었다. 이래서 요즘 '감정노동자'라는 말이 일상적으로 사용되는구나 싶었다. 여하튼 아기를 업은 여인의 던진 난생처음 듣는 할아버지라는 말에 내 마음은 심하게 흔들리고 있었다. 그러다가 오후에 사무실로 돌아와 컴퓨터 자판을 두드리다가 평소에는 심드렁하게 듣던, 맞은편 정육점에서 틀어놓은 '내 나이가 어때서'라는 노래가 때마침 마음에 턱하고 걸린 것이다.

그런데 그 노래가 끝날 무렵 나도 모르게 갑자기 크게 웃고 말았다. 옆에 누가 있었다면, '저 녀석 난생처음 할아버지 소리 듣더니 정신이 이상해졌구나' 할 정도로 의자에 앉은 채 몸을 앞뒤로 흔들면서 한참 동안 깔깔거렸다. 오래전 기억이 떠오르며 지금의 내 심경과 겹쳤기 때문이다.

20년이 넘은 기억이다. 그 당시 나는 어느 도시에 설립된 사회단체인 YMCA에서 어린이 교육사업을 담당하는 실무자였다. '어린이 사회학교'라는 이름으로 초등학생을 모집해 방과 후 프로그램을 진행하고 있을 때였다. 매주 월요일은 시가 운영하는 수영장에서 수영을 배우는 활동을 진행했다. 수영장에 도착하면 차에서 내린 아이들을 인솔 교사가 지하에 있는 수영장으로 데리고 내려가고, 나는 마지막으로 내려 매표소에서 셈을 치르곤 했다.

어느 날이었다. 4학년 여자아이 하나가 매표소 앞에서 훌쩍거리며 울고 있는 게 아닌가. 얼른 다가가 우는 아이를 달래며 본능적으로 매표소 안으로 눈길을 돌렸다. 매표소 안에는 여대생으로 짐작되는 사람이 빙글빙글 돌아가는 커다란 의자에 앉아 있었다. 그 의자와 여인의 신체는 맞춤처럼 잘 어울렸다. 체육시설에서 아르바이트하는 체육과 대학생일 것이다. 그런데 돌아본 나를 아랑곳하지 않고 그 여대생의 눈길은 훌쩍거리고 있는 여자아이에게 박혀 있었다.

나는 짐짓 목소리를 낮게 내리깔며 어떻게 했길래 이 아이가 이렇게 울고 있느냐고 물었다. 내 말이 끝나자마자 넉넉하게 생긴 그녀는 대뜸 나를 흘끔 보는가 싶더니, 곧바로 훌쩍거리는 아이에게 다시 매서운 눈길을 던지며 이렇게 소리쳤다.

"쟤가 아까 저보고 아줌마라고 했단 말예욧!"

순간, 나는 크게 웃을 뻔했다. 매표소 안에 앉아 있는 그 체육과 여대생은, 아줌마라고 불러도 전혀 어색함이 없는 모습으로 보였기 때문이다. 재빨리 사태를 파악한 나는 삐져나오는 웃음을 지긋이 다독이며 입장료를 계산했다. 그 시간을 견디는 일은 여간 어렵지 않았다.

그 여대생에 대한 기억이 오늘 오전 아기를 업은 초로의 여인에게 두 번이나 할아버지라는 소리를 듣고 흔들리던 내 심경을 말끔하게 치료해 주었다. 지금도 천만다행이라 생각하는 건, 그 여대생이 소리쳤을 때 터져 나오는 웃음을 꾹 참으며 상황을 잘 넘긴 일이다. 만일 그때 그녀 앞에서 크게 웃음을 터뜨렸다면 그녀는 그 후로 오랫동안 어딘가를 향해 칩떠보고, 째려보며, 심지어 흘겨보기까지 하면서 무슨 말을 꽁알꽁알거렸을지도 모른다. 또한 내 귓속은 영문도 모른 채 자주 간질거렸을 것이다.

노래가 한 바퀴가 다 돌았는지 또다시 이 노래가 올라온다.
"야이야야, 내 나이가 어때서. 사랑하기 딱 좋은 나인데~"

✦ 그 노래가 끝날 무렵 나도 모르게 갑자기 크게 웃고 말았다.

옆에 누가 있었다면, '저 녀석 난생처음 할아버지 소리 듣더니 정신이 이상해졌구나' 할 정도로 의자에 앉은 채 몸을 앞뒤로 흔들면서 한참 동안 깔깔거렸다.

부처님 오신 날의
단상

"

예전 내가 살았던 아파트를 택시회사들은 시외로 취급하고 운행하고 있었다. 시내 중심과 상당한 거리가 있는 곳이기 때문이다. 따라서 시내에서 아파트로 들어올 때는 시외단위 요금을 받았다. 그런데 아파트에 들어왔다가 시내로 나가는 경우, 기본요금만 받았다. 그래서 그런 건지 내가 살던 아파트는 지방 소도시임에도 시내버스가 20분 간격으로 운행되어 아주 편리했다.

어느 해 부처님 오신 다음 날이다. 버스를 타고 출근하려고 아파트 정문 앞 버스 정류장으로 걸어왔다. 정류장 옆에 세탁소가 있고, 세탁소 주인이 커피자판기를 하나 세워 놓고 운영하고 있다. 그 자판기 커피 맛이 아주 좋았다. 뚱뚱한 몸집에 키가 작고 탁구공처럼 통통 튀는 듯한 명랑한 목소리의 세탁소 주인은, 그 자판기에 넣는 커피 재료에 자부심이 대단했다. 무엇보다 최고의 품질로 서비스해야만 직성이 풀린다는 것이다. 돈을 버는 것은 그 다음이라는 게 그의 지론이다. 세상에서 가장 나쁜 인간은 '먹는 것 가지고 장난질하는 놈들'이라며 내게도 몇 번 강조한 바 있기도 하다. 그의 지론을 신뢰하는 나는 버스를 기다릴 때마다 그 자판기를 이용하는 단골이 되었다. 그러다 보니 자연스레 세탁소 주인과 친밀해지고 있었다. 또한 나도 날마다 그가 설치한 자판기에서 커피를 뽑아 마셔야 직성이 풀리는 지경에 이르렀다. 커피를 마시지도 않았는데 버스가 도착할 때도 있었다. 이럴 경우 20분 뒤에 오는 버스를 타고 가는 것은 너무나 당연한 판단이었다.

그날도 커피를 한 잔 뽑아 들고 느긋하게 홀짝거리며 버스를 기다리고 있었다. 커피 맛은 여전히 틀림없었다. 버스 정류장 옆에는 아파트로 들어온 택시 두 대가 나루에 묶여 잔물결에 흔들리는 거룻배처럼 엎드려져 있었다. 버스비보다 조금 비싼 기본요금이니 커피 한 잔 마실 시간 안에 승객은 어렵지 않게 나타날 것이다. 이곳 아파트로 들어온 택시 기사들도 시내로 나가기 전 세탁소 주인이 설치한 자판기에 허리를 굽혀 예의를 차리며 커피를 뽑아 마신다.

기사 두 사람은 내게서 대여섯 걸음 떨어진 곳에서 커피를 뽑아 들고 말을 주고받고 있다. 한 사람은 예순 살은 넉넉하게 넘어 보였고, 다른 하나는 그보다 한참 아래로 보였다.

"형님, 어제 대박 났다면서유."
"대박이 뭐여, 속 터져 죽는 줄 알았어."
"아니, 장거리 한탕 받았다메유."

연리지가 된 사람들 ——— 155

"잉. 오후 서너 시까지 하루 젱일(종일) 기본만 몇 번 왔다리 갔다리 하면서 보냈어. 남들은 부처님 오신 날이라구 꽃 구경두 가고, 절에 불공드리러 가는디, 사납금두 뭇 채울 거 같더라고."

"저는 어제 쉬는 날이라, 식구덜허구 안면도 백사장 가서 회 먹구 놀다왔네유."

"잉, 그려? 육십 넘은 나이에 이게 무슨 꼴인가 속에 천불이 나데. 그런디, 오후 늦게 젊은 애 하나가 비실비실 다가오더니, 이 차 지금 대전 갈 수 있나요? 허더라니께. 그래서 그렇게 된 거여."

"아이구, 형님, 부처님이 도와줬구먼유."

그 말을 듣더니, 느닷없이 나이 든 기사가 버럭 소리를 지르며 말한다.

"부처님? 아녀. 예수님이 도우신 겨. 부처님이 어제 같은 날 바빠 죽것넌디, 나 같은 놈한티 신경이나 쓰것어? 말두 마, 예수님이 도우신 겨."

그 말을 듣고 있던 나는, 웃겨서 반쯤 남은 커피를 쏟을 뻔했다. 다가오는 성탄절 다음날 어제와 비슷한 상황이라면, 그 나이 든 기사는, "예수님? 말두 마, 부처님이 도우신 겨. 예수님이 성탄절이라 바뻐 죽것넌디, 나 같은 놈에게 신경이나 쓰것어?" 하지 않을까? 나도 모르게 웃음이 푸슬푸슬 새어 나왔다.

도착한 버스에 올라 시내로 나오면서 곰곰이 생각했다. 남들은 부처님 오신 날이라고 즐겁게 놀러 다니는데, 환갑이 넘어서도 가족 생계에 매달려야 하는, 그 나이 든 기사의 어제 하루 심정이 헤아려졌다. 문득 저어새의 먹이 활동이 떠올랐다. 물속에 부리를 넣고 천 번 정도를 휘저어야 한 마리 물고기를 겨우 잡을 수 있는 확률이라고 한다. 나는 그 저어새의 먹이활동이 담긴 동영상을 볼 때 마음이 안쓰러워져 끝까지 볼 수 없다. 그 택시 기사도 물을 이리저리 휘저으며 먹이를 찾느라 애쓰다 물고기를 낚아채는 저어새처럼 하루 내내 기본요금 거리만 오고 가다 운 좋게 사납금을 채우고도 남을 장거리 손님을 만난 것이다.

부처님 오신 날이니, 그는 부처님이 자신의 고단한 일상을 들여다보며 돌봐줄 거라고 은근히 기대했을 것이다. 그런데 부처님의 가피(加被)는 기미도 없는 듯하고 오후 늦게서야 쓸만한 열매 하나를 주웠으니, 분망하게 오가며 가득 찬 하루의 서운한 마음이 쉽사리 수그러들지 않았던 게 분명했다. 오죽하면 부처님 오신 날에 찾아온 행운을 예수님에게로 돌렸을까. 그해 다가오는 성탄절에는 일이 슬슬 잘 풀려, "맞어. 예수님이 도와줬어. 자네가 그걸 워치게 알았댜?' 하며 응대하기를 바라며 버스에서 내렸다.

✦ 부처님의 가피(加被)는 기미도 없는 듯하고 오후 늦게서야 쓸만한 열매 하나를 주웠으니,
분명하게 오가며 가득 찬 하루의 서운한 마음이 쉽사리 수그러들지 않았던 게 분명했다.

4부 — 소리 나는 곳에서

매미 소리

"찌리리리리~ 찌리리리리~ 이이이~"

　서산태안환경운동연합 사무실 뒤편 주차장 가에 큼지막한 벽오동나무와 은행나무가 마주 보고 무성한 잎으로 여름의 뜨거운 햇볕을 받아내며 자라고 있다. 얼마 전부터 이 나무에 여러 종류의 매미들이 날아와 여름 내내 번갈아 운다. 그런데 오늘은 소리가 어제와 사뭇 다르다. 가까운 곳에서 여러 마리가 울음소리를 사방으로 흩뿌리고 있다. 아니 소리로 찔러대고 있다고 표현하는 것이 더 적절하다. 어제까지는, "찌릉 찌릉 찌릉~ 매애애애~" 하고 우는 말매미들의 소리였다. 그 소리는 맑고 경쾌해서 들을 만했다. 그런데 오늘 우는 매미들의 소리는 높고 날카롭다. 그렇게 15초쯤 울다가 마지막에는 "이이이~" 하는 소리를 내며 서서히 잦아든다. 그 패턴을 한 치도 어긋남 없이 오전 내내 반복하고 있다. 마치 저 속에 지휘하는 매미가 한 마리 있는 것 같은 생각이 들기도 한다. 돌멩이라도 던져 쫓아버리고 싶기도 했다. 나도 모르게 인상을 쓰며 소리 나는 창밖을 바라보는데, 불현듯 몇 년 전 해미 공군 전투비행장 인근 마을 주민들과 만났을 때 겪었던 상황이 떠올랐다.

여러 해 전, 사회문제로 갈등을 빚고 있는 지역을 돌아보며 해결점을 모색하자는 목적으로 구성된 평화순례단이 우리 지역을 방문한 적이 있다. 한 지역에 일주일 동안 머물며 그 지역의 환경문제나 사회문제가 일어난 곳을 둘러보고, 당사자들을 만나 대화를 나누는 활동을 이어가고 있었다. 인근 지역인 태안에서 일주일 머물던 순례단이 서산으로 넘어왔다. 나는 그때 몇몇 시민단체 임원과 함께 그 순례단이 묵고 활동할 수 있도록 준비하고 안내하는 역할을 맡았다.

사흘째 된 날이다. 오전에는 해미읍성에서 개심사까지 걸어가며 명상하는 프로그램을 진행하고, 오후에는 해미 공군비행장 '소음피해 대책위원회'와 만나는 시간으로 짜여 있었다. 해미 공군비행장 인근에 사는 주민 가운데 소음피해 대책위원회에서 활동하는 10여 명과 순례단원 10여 명, 그리고 지역 시민단체 활동가 서너 명이 마을회관에 모여 앉아 일상적으로 겪는 전투 비행기 소음 문제를 놓고 이야기를 나누는 자리였다.

마을 사람들이 쏟아내는 고충은 절실하기 그지없었다. 듣고 있는 순례단원과 지역의 시민단체 관계자들은 소음피해 주민들의 말에 고개를 크게 끄덕이며 공감했다. 이어 몇 가지 해결책을 제안하며 이야기를 이어갔다. 고통스럽고 기나긴 숙명적인 처지에 몰린 마을 사람들은 한 사람씩 돌아가며 이곳에 살지 않는 사람들은 이 심정을 모를 거라며, 호소하듯 말을 이어간다. 우리는 왠지 죄지은 심정이 되어 방바닥에 시선을 두고 듣고만 있었다.

소음피해대책위와 순례단과의 대화는 어느 정도 마무리되고 있었다. 그런데 정작 비행기 소리는 들리지 않고, 대화하는 내내 주위는 고요했다. 심지어 밖에서 새들이 지저귀는 소리까지 또렷하게 들릴 정도였다. 두 시간 가까이 전투기의 소음 문제에 대해 말하는 동안 다른 마을과 다름없는 평화스러운 분위기였다. 자칫 마을 사람들이 지나간 이야기를 회상하며 들려준 이야기가 아닌가 하는 착각이 들기도 했다.

분위기가 왠지 모르게 점점 어색해지기 시작했다. 마을로 찾아간 우리를 자신들의 고충을 알아주는 사람들이라 여기며 두 시간 가까이 애로사항을 맘껏 풀어놓았는데, 안팎으로 고요하니 말이다. 바라보고 있는 순례단원들과 시민단체 임원들도 어떻게 이 대화의 자리를 자연스럽게 마무리하고 일어나야 할지 난감해졌다. 우리 앞에 앉아 있던 마을 사람들이 술렁이기 시작했다. 자기들끼리 주고받는 말소리라고 여기는 것 같은데, 방 안에 앉아 있는 우리 모두에게 분명하게 들렸다.

"어이, 비행기 뜰 시간 아녀?"
"오늘은 훈련이 없는 날인 겨?"
"믈러, 어제 이맘때는 엄청났었는디."

"이상허네. 오늘은 왜 이렇댜?"

이때 소음대책위 좌장을 맡은 이가 아까보다 더 작게 우리에게는 전혀 들리지 않도록 말한다는 듯이 옆 사람에게 말한다. 그런데 그 소리도 역시 똑똑하게 다 들렸다.

"이거, 부대에다가 즌화 한번 걸어봐야 허는 거 아녀?"

이 마을 주민들은 소음에 시달리며 '목소리를 낮춰 말하는 법'을 잃어버린 상태라는 걸 나중에 알게 되었다. 적어도 이 마을에서는 은밀하게 귓속말로 퍼지는 풍문은 있을 수 없었다.

자신들의 마을을 염려하며 찾아온 외지인에게 전투 비행기 소음이 얼마나 대단한지 그 확실한 증거를 들려주고 보여줘야 하는데 비행기 소리는 도통 들리지 않으니 면구함이 넘쳐 일종의 부작용 같은 현상이 일어난 것이다. 그렇게 눈길을 어디에 두어야 할지 모르는 시간이 이어지고 있는데, 멀리서 비행기 엔진소리가 희미하게 들려오기 시작했다.

"야, 뜬다, 떠!"

앉아 있던 마을 사람들은 누구랄 것도 없이 손뼉을 치며 반가움을 감추지 못하고 마주 앉은 우리의 표정을 살핀다. "쐐애애액-" 전투 비행기가 활주로를 이륙하여 팽팽한 천을 잡아 찢는 듯한 굉음을 내며 마을회관 위쪽 허공을 가르며 날아갔다. 주민들이 환호하는 소리는 전투기의 굉음에 완전히 묻히고 말았다. 소리가 잦아드나 싶은데 아까와 같은 비행기가 이륙하는 소리

✣ 견디기 어려울 정도로 짓누르는 고통스러운 현실이라 여겨졌다.
매일매일의 일상에서 저 굉음을 견디며 조곤조곤 말하는 법을 잊어버린 채 살아가는 주민들의 상황이 너무나 안타까웠다.

가 다시 들려온다.

"야, 또 뜬다, 또 떠!"
 마을 사람 모두가 또 손뼉을 치며 다시 환호한다. 비행기 뜨기 전까지 심각한 표정으로 비행기 소음이 지긋지긋하다고 호소하던 사람들의 표변한 모습이다. 아마 비행장이 생기고 난 뒤 저 소음에 환호하며 박수를 보내는 건 이때가 처음이자 마지막일 것이다.

 그렇게 다섯 대가 연속으로 출격하는 소리를 듣고 있노라니 여기서 살아가는 사람들의 심정이 비로소 깊고 짙게 이해되었다. 바로 옆에 앉아 있는 사람에게 소리 지르듯 말해도 소용없을 정도의 굉음에 아예 침묵하고 있을 수밖에 없었다. 이제야 세상을 바라보던 입장에서 느끼게 되는 상황으로 바뀌어, 마을 사람들이 겪는 고통 속으로 스며들었다. 소가 새끼를 낳다가 놀라서 사산하는 일이 빈번하다는 말도 비로소 실감할 수 있었다. 아무리 인간이 환경에 적응하는 동물이라고 한다지만, 이건 너무나 견디기 어려울 정도로 짓누르는 고통스러운 현실이라 여겨졌다. 매일매일의 일상에서 저 굉음을 견디며 조곤조곤 말하는 법을 잊어버린 채 살아가는 주민들의 상황이 너무나 안타까웠다.

 기후 위기라는 절체절명의 문제 앞에 환경운동을 하는 단체인 만큼, 웬만하면 에너지를 아끼자고 7월 염천에도 에어컨을 켜지 않고 있다. 그 열린 창문으로 끊임없이 매미 소리는 밀려든다. 하지만 예전 해미 마을회관에서 듣던 전투기 이륙하는 굉음을 소환하니 외려 정겹고 낭창하기까지 하다.

서산 8경
(瑞山 八景)

내가 일하고 환경운동단체에서는 숲 전문가를 초청하여 우리 지역의 자연생태를 체험하며 이해하는 활동을 펼친 적이 있다. 그 가운데 3차시는 내 고향에 있는 도비산을 돌아보는 프로그램이었다. 바쁜 일상에 치여 자주 가지 못가는 터라 새삼스레 설레는 마음마저 들었다.

진달래가 한창일 때 멀리서 보면, 도비산의 나무들은 제각각 자신의 고유한 색깔로 잎을 틔워내어 마치 봄 단풍이 든 것 같다. 그런데 우리가 찾은 5월 중순의 도비산은 풀과 나무는 겨우내 비워졌던 공간을 왕성하게 메우고 짙은 녹색의 숲으로 변해가고 있었다. 숲 생태전문가의 생태적 해설을 들으며 동쪽 경사가 끝나는 고갯길까지 한참을 허위허위 올라갔다.

일순, 시야가 환하게 트이며 광활한 벌판과 그 너머로 엷은 안개에 덮여 아

스라하게 펼쳐진 서해가 들어왔다. 저 너른 벌판은 1980년 초 간척되기 전까지 밀물이 되면 고깃배가 떠다니고, 썰물이 되면 걸어 들어가 갖가지 해산물을 채취하여 생계를 이어가던 풍요로운 바다였다. 올라올 때와는 전혀 다른 장엄한 풍광에 참가한 이들의 입에서는 한결같이 감탄사가 튀어나왔다.

새로운 풍경에 대한 감탄이 잦아들자, 여기는 저녁노을이 최고라고 누군가가 말한다. 노을을 보러 일부러 여기까지 종종 올라온다고도 자랑한다. 내 고향을 추어주는 말에 으쓱해져, 여기는 선조들이 풍광의 진가를 알아보고 서산 8경 가운데 하나로 인정한 곳이라고 말참견을 하게 되었다. 저 멀리 보이는 들판은 원래가 바다였으며, 그 근처가 내가 태어나 살던 곳이라고도 덧붙였다.

내 말참견을 들은 초청 강사는 다리쉼을 하는 동안 서산 8경에 대해 참가자들에게 설명 좀 해보라고 권한다. 나는 예전부터 서산 8경을 지정한 우리 지역 선조들의 뛰어난 미적 감수성과 관점에 대해 감탄하고 있던 터였다. 그렇게 풍경을 선정한 배경과 의미는 무엇일까를 자주 생각하기도 했기에 주춤주춤 일어나 생각을 몇 마디 풀어낼 수 있었다.

서산 8경은, 1990년대 서산이 시군을 통합하면서 새롭게 풍경 이름이 만들어지기 이전까지 통용하던 풍광을 가리킨다. 서산시청 아래 공원의 정사각형 돌에 다붓다붓 새겨져 놓여 있다. 그 돌에 새겨진 서산의 8가지 빼어난 풍경은 다음과 같다. 1경 : 명림표향(明林漂響 : 명림산 아래 냇가에서 여인네들이 빨래하는 소리), 2경: 도비낙하(島飛落霞: 도비산에서 바라보는 저녁 노을), 3경: 상령제월(象嶺霽月: 비 갠 후 상왕산에 떠오르는 맑은 달), 4경: 덕포귀범(德浦歸帆: 덕지 포구에 만선으로 돌아오는 고깃배), 5경: 선암모종(仙庵暮鍾: 저녁 무렵 삼선암에서 울려오는 범종 소리), 6경: 연당세우(蓮塘細雨: 동헌 앞 연못에 이슬비 머금고 촉촉이 젖어 있는 연꽃), 7경: 유정쇄연(柳亭鎖煙: 자욱한 안개에 잠겨 있는 양류정), 8경: 부춘초적(富春樵笛: 부춘산 나무꾼의 풀피리 소리)다.

이 8가지 풍경을 가만 살펴보면 다음과 같은 몇 가지 특징과 의미가 담겨 있음을 발견하게 된다. 우선 서산 8경 가운데 시각과 청각이 어우러진 공감각적인 풍광이 무려 3가지나 포함되었다는 점을 들 수 있다. 명림표향(明林漂響: 명림산 아래 냇가에서 여인네들이 빨래하는 소리), 선암모종(仙庵暮鍾: 서광사의 옛 이름인 삼선암에서 울리는 저녁 종소리) 그리고 부춘초적(富春樵笛: 부춘산에서 들려오는 나무꾼의 풀피리 소리)다. 이렇게 귀에 들리는 소리를 눈으로 풍경을 바라보고 있는 듯한 입체적 의미로 해석하며 이름 지은, 우리 지역 선조들의 탁월한 미적 감각에 감탄하지 않을 수 없다. 듣고 있던 초청 강사도 청각적인 요소가 8가지 풍경 가운데 3가지나 포함된 건, 다른 지역과 비교할 때 특이한 경우라며 추임새를 넣으며 분위기를 돋아주었다.

다음으로 8경 안에는 민중들의 구체적인 생활상이 아름다운 경치에 담겨 있다는 점이다. 보통 그 지역의 빼어난 경치를 정하는 건 음풍농월을 즐기는 유한계급이나 지배계급이 대부분일 텐데, 민중들이 사는 모습을 빼어난 풍경에 세 가지나 선정했다는 것도 매우 독특하다고 할 수 있다. 덕포귀범(德浦歸帆: 덕지 포구에 만선을 알리며 들어오는 배), 명림표향(明林漂響: 명림산 아래 냇가에서 여인네들이 빨래하는 소리), 부춘초적(富春樵笛: 부춘산 나무꾼의 풀피리 소리). 자연에 잇대어 살아가는 사람들의 구체적인 모습이다. 이는 서산 8경이 담고 있는 의미를 한층 풍성하게 드러내고 있는 요소이다.

마지막으로 서해 쪽인 지역이라 그런지 아침이나 낮의 풍경보다는 저녁과 밤의 풍경에 더 아름다움의 무게를 두었다는 점을 발견하게 된다. 도비낙하(島飛落霞: 도비산에서 바라보는 저녁노을), 상령제월(象嶺霽月: 비 갠 날 상왕산에 떠오르는 맑은 달), 선암모종(仙庵暮鍾: 서광사의 옛 이름인 삼선암에서 울리는 저녁 종소리), 덕포귀범(德浦歸帆: 덕지 포구에 만선을 알리며 들어오는 배)은 분망한 하루의 삶을 돌아보게 하는 경건함이 담겨 있다. 또한 저 풍경은 회한과 고단함을 위로하는 기운이 녹아 있다는 느낌도 든다.

현대화되면서 도시가 팽창하고, 개발이 진행되면서 예전의 사람살이가 담겨 있던 풍경의 원형들은 대부분 훼손되거나 사라졌다. 지금은 서산 9경으로 새롭게 바꾸어 전시하고 있다. 아쉽게도 이 서산 9경에는 도비낙하(島飛落霞)는 빠져있다. 하지만 서해의 노을은 오랜 세월이 흘러도 한낮과 고요한 밤의 경계를 이루며 장엄한 풍경을 그려낼 것이다. 그 황홀한 풍경을 바라볼 최고의 장소는 우리가 발딛고 서 있는 바로 이곳, 도비산이다.

여기까지 이삭 줍듯 주섬주섬 말을 마치니 참가자들은 서산 지역 풍경의 내력과 의미를 새롭게 이해하는 시간이 됐다며 박수를 보낸다.

정오가 살짝 넘어가는 시각이다. 우리는 올라온 길을 다시 내려가려고 일어났다. 하늘을 설핏 쳐다보니 도비산 위에 싱그런 빛을 뿌리는 태양은 서쪽으로 기울며 서서히 노을빛으로 익어가고 있었다.

반딧불이

시골에서 고등학교에 다니던 시절이었다. 중학교 때까지는 별다른 느낌이 없었는데, 고등학생이 되고 나니 하루라도 빨리 지금까지 살아온 이 공간을 벗어나 큰 도시로 나가고 싶다는 생각이 점점 커졌다. 마치 집과 부모가 내 온몸을 휘감고 조이는 듯한 느낌도 들었다. 학교에서 돌아와 저녁 먹고 난 후 사방이 어둑해지면 할랑거리는 가슴을 주체하지 못하고 집을 나설 때가 종종 있었다. 면 소재지인 옆 동네인 취평리로 가는 것이다. 그 동네는 옆 동네인데도 오일장이 열리는 분위기가 완전히 다른 번화한 곳이었다. 우리 고장 사람들은 그 동네를 '톳골'이라고 불렀다. 부모님 몰래 집을 빠져나오면 서남쪽에 넓게 펼쳐진 바다가 눈에 가득 찼다. 대자연과 대처 사이의 경계에서 내 의식은 그렇게 마구 흔들리고 있었다.

나 혼자일 리 없다. 친하게 지내는 동네 친구 두엇과 동네 초입 고개인 당

✤ 망막에까지 가득 차 흘러내리는 듯한 반딧불이 불빛.
순간 걸음이 멈춰지고 거칠었던 숨이 아래로 가라앉는 느낌이 들었다.
적요하고 고혹적인 광휘의 세계에 나는 빠져들고 있었다.

저에서 만나 면 소재지에 가서 이리저리 돌아다니며 늦게까지 놀았다. 어떤 날은 어둠에 둘러싸여 윤곽만 희미하게 보이는 우리 고장에서 가장 높은 산인 도비산 상봉까지 올라가 보자고 의기가 일치되기도 했다. 어둠에 보이지는 않는 길을 더듬거리며 기어 올라가 얼마 전 음악 시간에 배운, 가곡 선구자를 고래고래 부르며 앞날에 대한 자신감이 가득차 뿌듯해했다. 그렇게 기운이 소진되는 즈음 우리는 집으로 돌아오곤 했다.

여느 때와 비슷한 늦은 밤 집으로 돌아오는 길이었다. 친구들과 동네 초입 고개인 당재로 올라와 내일 학교에서 보자며 작별 인사를 하고 돌아섰다. 우리 집은 친구들이 사는 곳과 멀리 외떨어져 있었다. 그날은 빙 돌아가야 하는 큰길보다 지름길인 논둑을 질러가기로 마음먹었다. 큰길로 가려면 죽은 동네 사람의 장례를 치르는, 울긋불긋한 상여를 보관한 '상여집' 옆을 지나쳐야 하기 때문이다. 논둑으로 내려가는데 야트막한 언덕 중턱에 순옥이 누나네 오막살이가 게딱지같이 붙어 있었다. 나보다 대여섯 살 많은 그 누나는 늙은 아버지와 단둘이 살았는데, 클레멘타인이라는 노래를 떠올리게 하곤 했다. 그 둘의 주식은 수제비라고 동네 사람들은 수군거리기도 했다. 전기가 들어오지 않는 순옥이 누나네 오막살이는 어둠에 휩싸여 있었다. 건너편에 떨어진 우리 집을 바라보니 옅은 불빛이 새어 나왔다. 늦게 돌아올 나를 위해 엄마는 마루 기둥에 달린 10촉짜리 전등을 켜놓곤 했다.

자주 오가는 익숙한 길이지만 어둠 속에 좁고 미끄러운 논둑은 조심해야 하는 길이었다. 게다가 다보록하게 자란 풀에 이슬이 맺혀 정강이와 운동화는 흠뻑 젖을 게 분명했다. 고개를 땅으로 숙이고 어두운 둑 바닥에 발을 붙여 끌듯이 더듬거리며 가고 있었다. 열댓 걸음 걷다가 설핏 고개를 들었을 때, 갑자기 눈앞이 휘황해졌다. 반딧불이 무리였다. 망막에까지 가득 차 흘러내리는 듯한 반딧불이 불빛. 순간 걸음이 멈춰지고 거칠었던 숨이 아래로 가라앉는 느낌이 들었다. 적요하고 고혹적인 광휘의 세계에 나는 빠져들고 있었다. 수만 마리, 아니 수십만 마리일지도 모른다. 가늠할 수 없는 숫자의 반딧불이 무리는 어둡고 드넓은 공간을 이리저리 날아다니며 빛을 뿌리고 있었다. 문득 이 광경을 나 혼자 보고 있다는 게 무척 아쉽다는 생각도 들었다. 얼마나 시간이 지났을까, 나는 꿈에서 깨어나 다시 현실의 세계로 돌아온 듯 다시금 눈을 발밑에 두고 어두운 논둑을 건너 집으로 돌아와 잠들었다. 그런데 그날 이후 이상한 변화가 하나 일어났다. 저녁이 되었는데도 집을 빠져나와 시장으로 가고 싶다는 생각이 솟지 않는 것이다.

이후 시골을 벗어나 그토록 선망하던 대도시에서 온갖 휘황한 불빛을 뿜어내는 공간에 담겨 오랫동안 살아왔다. 그 속을 분주하게 오가며 때론 사람들과 어울려 격정적으로 몸을 흔들기도 하고, 목청 높여 소리도 종종 질러댔다. 하지만 오롯이 홀로된 나를 인식할 때마다, 할랑거리던 어린 마음을 다독이며 어둠 속에서 안드로메다 성운처럼 명멸하던 반딧불이의 군무가 떠오르곤 했다.

지금 내가 사는 도시 안에는 저수지를 단장한 호수공원이 자리하고 있다. 그런데 몇 해 전부터 지자체에서 호수 가운데 인공섬을 만들어 수만 개도 넘을 듯한 전구를 설치해 가을부터 초봄까지 온갖 현란한 색의 불빛을 뿜어낸다. 호수공원을 둘러싼 상가와 인근 아파트에서 내뿜는 불빛도 이미 과잉이다. 기괴한 풍경이라며 외면하는 이들도 많다. 휘황한 불빛에 조용하고 한적한 분위기가 사라지는 바람에 매년 겨울이면 이곳을 휴식 공간으로 삼던 겨울 철새들도 날아오지 않는다. 기후 위기 시대에 에너지 낭비는 말할 나위가 없다. 한참을 바라보다 보니, 자연에서 일상으로 보던 반딧불이에 대한 향수를 불러일으키며 호응을 얻으려는 전시행정이라는 생각이 든다.

'현대산업사회에서 우리의 활로는 전통적 지혜로 돌아가는 데 있다'고 강조한 경제 사상가가 있다. 그의 충고는 벌어진 돌 틈을 채우는 쐐기돌같이 적실하게 다가온다. 진정으로 아름다운 불빛을 감상하기 위해서는 무엇보다 우리가 사는 환경이 예전처럼 건강해야 가능하다는 뜻이기도 하다. 보면 볼수록 반딧불이를 흉내 낸 호수공원 인공섬에서 뿜어져 나오는 전구의 불빛은 민망하기 그지없다.

탑새기와
가로림만

'탑새기'라는 우리 지방 사투리가 있습니다. 이 말을 표준어로 옮긴다면 '잡다한 먼지' 정도가 될 것입니다. 그런데 '잡다한 먼지'는 탑새기에 담긴 의미를 그야말로 '먼지'만큼밖에 표현할 수 없는 한계가 있습니다. 탑새기라는 말에는 보리와 벼를 탈곡할 때 땀으로 범벅된 장정들의 노동이 들어 있습니다. 여럿이 함께 모여 있는 마당도 들어 있고, 어머니를 뒤따라 새참이나 점심을 이고 오던 가슴 불룩한 순이도 들어 있지요. 땀에 달라붙은 먼지와 검불 등을 수동펌프에서 길어 올린 물로 등목할 때 느끼는 형용할 수 없는 개운함도 녹아 있고요, 여럿이 둘러앉아 돌려 마시는 막걸리, 볼메어지게 먹던 고봉밥과 맛난 반찬들, 둘러앉은 이들이 나누던 농담과 덕담의 여유도 들어 있기 때문입니다.

살아가면서 탑새기라는 우리 지방 사투리를 이해하는 사람을 만나는 때가 있습니다. 그런 경우 술자리에 특별한 안주가 올라온 것처럼 주된 화제가 되며, 끈끈한 정서적 유대가 만들어지는 경우를 많이 봅니다. 같은 공간에서 태어나서 그곳의 중요한 사물과 사건, 그러한 사물과 사건으로 새겨진 삶을 설명할 수 있는 언어야말로, 함께 살아가도록 숙명 지워진 인간의 핵심 매개체가 아닐 수 없습니다.

언어학자들은 언어는 그 민족의 영혼이라고 말합니다. 언어를 잃어버리면 영혼을 잃어버리는 것이고, 영혼을 잃어버리면 진짜로 죽는 것이라고 강조합니다. 서산·태안지역을 광활하게 아우르고 있는 가로림만은 국내외 안팎의 전문가들로부터 천혜의 생태적 환경을 갖춘 곳으로 평가받고 있습니다. 우리는 이 풍요롭고 건강한 공간에 잇대어 함께 살아가고 있습니다. 우리는 여기에서 살아가는 온갖 생물의 이름과 서식 형태, 그것들을 섭생하는 방법과 내용에 대한 언어를 공유하고 있습니다.

가로림만에 조력발전소 건설계획이 추진 중입니다. 이 계획이 실행된다면, 그것은 단지 가로림만이 사라지고 마는 것이 아닐 것입니다. 가로림만에 안겨 살아온 사람들, 우리의 고유한 삶의 풍경, 그러한 사람살이가 만들어 낸 우리의 고유한 언어도 함께 사라지게 될 것은 자명합니다. 실제로 우리는 이미 그러한 일을 겪은 바 있습니다. 오래전 간척으로 사라진 천수만이 무엇보다 그것을 선명하게 증명하고 있습니다. 천수만이 사라진 뒤 우리의 언어는 건조해지고 빈약하며 생기를 잃었습니다.

180 ──── 민원아, 꿩알 주우러 가자

어느 날 초등학생인 아이와 천수만 B지구 근처인 고향 시골집을 가다가 갯벌이었던 들판을 가리키며 자랑하듯 말했습니다.

"예전 아빠가 어릴 때 저기에 들어가 돌을 들춰서 박하지라는 게를 잡고, 꼬막이라는 조개도 주웠어."

제 말을 들은 녀석이 무척 아쉬워하는 표정으로 나를 빤히 바라보며 이렇게 말하는 것이었습니다.

"아, 재밌었겠다, 지금 갯벌이 있었으면 아빠랑 같이 가서 신나게 놀며 게와 조개를 잡을 수 있을 텐데."

이 말을 듣고 말문이 턱 막혀 더 이상 지난 시절 이야기를 이을 수 없었습니다. 더구나 자랑삼아 할 이야기가 아니라는 사실도 깨달았습니다. 개발독재와 물질 성장주의의 첨병인 재벌 건설회사가 짬짜미가 되어 천수만을 틀어막을 때 과연 우리는 무엇을 했는가를 생각하니 심한 자책감도 들었습니다. 아이가 아쉬워하는 표정을 보니 마음이 쓸리고 긴 탄식만 뿜어져 나왔습니다.

우리가 가로림만을 몇 푼 보상으로 넘긴다면 우리는 우리의 아이들과 소통할 수 있는 언어가 사라지며 세대 간의 단절이라는 무서운 현실과 맞닥뜨릴지도 모릅니다. 조력댐이 건설된다면, 박하지, 황발이, 사시랭이, 몰치잡이, 화래질, 망둥이낚시와 같은, 우리 고장의 언어들은 전설이 되고, 세월이 지나면서 가뭇없이 스러지고 말 것입니다.

우리가 누려야 하는 삶의 터전을 파헤치며 이윤을 추구하는 개발지상주의의 소용돌이 앞에 분명한 사실을 깨닫습니다. 아름다운 공동체 파괴는 물론, 미래세대와 소통할 수 있는 우리의 공통언어는 사라지고, 암울한 현실로 전락한다는 것입니다.

가로림만의 넘실거리는 푸른 물결, 드넓은 갯벌에 아이들의 순결한 눈길을 겹치게 하려면 우리가 지금 해야 할 일은 무엇이겠습니까?

(2010년부터 서산과 태안 사이에 펼쳐진 가로림만에 조력발전소를 세우려는 시도가 있었다. 가로림만을 잇대어 살던 주민들은 찬반으로 나뉘어 갈등과 반목의 골이 깊어지며 누대로 유지하던 공동체적 삶이 파괴될 지경에 이르렀다. 여러 형태의 반목과 갈등이 일어났다. 한동네에서 태어나 환갑 가까운 세월을 함께 살며 고락(苦樂)을 나눈 친구가 욕설을 퍼부으며 시퍼렇게 날이 선 낫을 집어던지는 일은, 물질적 욕망 앞에 삶의 공동체가 어떻게 허물어지는가를 보여주는 상징적인 사건이기도 했다. 1984년 간척되어 천혜의 바다라고 평가받던 천수만이 사라진 후 그 인근 지역의 자연생태는 물론 사회경제적 토대가 붕괴하는 것을 경험하고 있는 사람들은 간척은 되돌이킬 수 없는 죄악과 다름없는 행위임을 절감하게 되었다. 이에 천수만 근처에서 태어나고 자란 나는 우리 지방에서 유일하게 남아 있는 가로림만에 조력발전소를 건설하려는 세력에 대항하는 반대운동에 너무나 자연스럽게 동참하게 되었다. 고향 바다. 천수만이 사라지고 난 후 회한과 향수가 더욱 강렬하게 일어나 시민사회단체가 발행하는 반대운동 활동 소식지에 글을 기고하게 되었다.)

가로림만이 보낸 편지

8천 살이 넘었구나 이젠 나이를 가늠하기도 어려울 정도로 세월이 흘렀다 나는 너희가 태어나 늙고 스러지고, 다시 또 어린 것들이 태어나 자라는 걸 보아왔다 너희는 모든 걸 받아주는 곳이라며 나를 '바다'라고 부른다 '마르지 않는 예금통장'이라고 부르는 이들도 있더구나 나는 너희가 지어 부르는 그 이름이 무척 마음에 든다

아득한 세월이다 육지에 사는 너희들이 흘린 눈물, 콧물, 오줌과 똥 그리고 토악질한 것까지 나는 다 받아주었다 심지어 너희들이 서로 몸을 부비며 흘린, 그 분비물도 온전히 받아주었다 그뿐이랴! 이불처럼 밀물로 덮고 썰물로 벗겨내며 너희가 쏟아놓은 오물을 섞고 비벼서 온전하게 삭혀 내었다 그것이 내 자랑스러운 능력임을 너희 가운데 어떤 이들은 잘 알고 있다 그렇게 하지 않았다면 너희는 꽃봉오리 같은 아이들을 보듬어 안고 빨갛게 익은 꽃

게찜 앞에서 함박웃음을 지으며 벙그러질 수 없으리라

　또 그뿐이랴! 내 앙가슴과 허벅지, 사타구니 안에는 가늠하기 어려운 종류의 생명체들이 살아간다 이것들이 이리저리 꼼지락거리며 긁어주면 하루에도 몇 번씩 행복에 겨워 스르르 잠들기도 한다 어떨 때는 몸이 결려 슬그머니 눈 떠 보면 너희는 내 앙가슴이나 허벅지 혹은 사타구니를 푹푹 밟으며 내가 기른 낙지, 박하지, 꽃게를 파내간다 하지만 너희들의 생명을 위해 기른 것이니 오히려 부드러운 뻘로 종아리를 쓰다듬어주며 흐뭇해했다.

　그런데 언제부터 암울한 소식이 갯골 따라 밀려들고 있다 내 목에 둑을 쌓아 조여서 더 잘살겠다고 와글거리는 이들이 있다는 것이다 밀물을 덮고 곰곰이 생각해 본다 이제 한마디 묻고 싶다 나의 드넓은 벌판은 더러운 공기를 깨끗하게 한다는 걸 너희도 알고 있다 폐가 짓무르면 설레는 인생길의 평온한 숨 어떻게 들이마실 수 있는가? 나는 온갖 생물을 길러 너희에게 거저 주며 뽀얗게 살지게 했다.

　그러나 내 이것만큼은
　바/ 다/ 줄/ 수/ 없/ 다/

　저만치 밀물이 일렁이며 밀려오는구나 간곡히 한마디만 더 하고 깊이 한숨 자련다 너희가 없다면 내 몸에는 광막한 우주의 뭇별처럼 헤아릴 수 없는 생물들로 끓어 넘칠 것이나 내가 사라진다면 너희는 황금알을 낳는 오리의 배를 가르는 것 같은, 어리석음의 수렁에 빠져 멸망하는 길밖에 없음을 분명히 알라.

아이들과 갯벌에서

예전, 자연의 소중함을 이해하고 생명에 대한 감수성을 기를 수 있게 하자는 목적으로 여름방학 동안 '전국YMCA 어린이 갯벌생태캠프'를 10여 년 넘게 진행한 적이 있다. 전국의 어린이들을 초청하여 2박 3일이나 3박 4일 일정으로 갯벌 생태와 관련된 활동을 진행했는데, 예상보다 인기가 있어 신청자가 많았다. 수도권은 물론 갯벌이 없는 대구, 구미, 안동, 영주 등 내륙지역에 있는 YMCA에서도 찾아왔다. 어느 해는 제주YMCA에서도 서해안 갯벌을 체험하고 싶다며 참가한 적도 있다.

환경운동을 하는 단체로 자리를 옮긴 후 오랫동안 중단했던 이 활동을 다시 일으켜 보고 싶어 예전 진행했던 사진과 자료를 살펴본다. 문득 잔물결에 잠겨 흔들리는 냇가 오리나무의 반영(反影) 같은 아름다운 몇 가지 풍경이 아련하게 떠올랐다.

❋ 게

아이들의 호기심과 상상력을 자극하는 생물은 단연 게 종류다. 전라북도 변산 모항 갯벌에서 프로그램을 진행할 때였다. 뜨거운 여름날 경상도 지역에서 거의 다섯 시간 이상 차를 타고 캠프장에 도착한 아이들과 인솔자들은 안쓰러울 정도로 지쳐 있었다. 그러나 아이들은 눌렀다 놓은 스프링처럼 금세 생기를 회복했다. 어떻게 알았는지 캠프장 옆에 갯벌과 이어진 흐르는 개울 돌 틈에 작은 게들이 바글거리고 있다는 걸 발견했기 때문이다. 아이들은 너나 할 것 없이 개울로 들어가 허리를 숙이고 돌을 들추며 게를 잡아 올리며 소리를 지르며 즐거워했다. 그 생기가 넘치는 아이들을 내려다보고 있는 인솔자들도 덩달아 입가가 벙그러졌다. 다음날 썰물이 된 갯벌에 나가서도 아이들은 움직이는 작은 게를 잡아들고 다가와 이름을 물었다. 같은 종류인데도 게를 잡을 때마다 계속 이름을 물으며 신기해했다.

마지막 날 오전에는 근처에 있는 관광지인 채석강을 둘러보는 일정으로 짜여 있었다. 채석강은 오랜 세월 바닷물과 비바람에 풍화되어 정교하게 조각해 놓은 듯한 모습이었다. 웅장하고 신비로운 느낌을 주는 바다로 튀어나온 절벽이다. 그야말로 만 권의 책을 쌓아놓은 듯한 모습이라는 표현에 어울리는 장관이었다. 바라보며 다가가는 인솔 교사들의 입에서는 감탄이 끊이지 않는다. 하지만 예상 밖의 일이 벌어졌다. 정작 활동의 주인공인 아이들 입에서는 어른들과 같은 탄성이 나오지 않는 것이다. 심지어 펼쳐진 풍경을 흘끔 올려다보고는 시큰둥하게 반응하는 게 아닌가. 이때 발 딛고 있는 바위틈에 꼬물거리는 작은 게를 본 한 아이가 "게다"라고 소리를 친다. 그 소리에 아이들은 소리친 아이 쪽으로 우르르 몰려간다. 캠프장 옆 개울과 갯벌에서 신물 날 정도로 게를 봤는데도 똑같이 반응한다.

맨 앞에서 인솔하며 설명하는 나는 이 어긋나게 펼쳐지는 장면을 보며 웃음 짓지 않을 수 없었다. 인솔 교사들은 드높은 절벽을 바라보며 넋을 놓은 듯 입을 벌리며 서 있는데, 아이들은 바위틈에 꼼지락거리는 게를 보느라 바닥에 엎드리거나 쪼그리고 앉아 소리치고 있었기 때문이다. 그 후로 몇 차례 같은 활동을 진행하면서 깨달았다. 크고 화려한 구조에 익숙한 어른과는 달리 아이들은 작지만 살아 움직이는 것에 더 관심과 흥미가 있다는 사실을.

♣ 은하수

몇 년 후 변산에서 안면도의 끝자락에 있는 '바람아래'라는 공간으로 옮겨와 캠프를 진행할 때다. 대부분 잠들었는데 늦게까지 장난치며 돌아다니던 몇몇 아이들이 드디어 잠들었다. 초여름 무논 개구리처럼 와글거리던 캠프장이 고요해지면 종일토록 아이들을 돌보던 캠프 진행자들과 인솔 교사들은 느긋한 걸음으로 오간다. 아이들이 모두 잠든 것을 확인하면 진행자와 아이들을 데리고 온 인솔 교사들은 안도하며 비로소 자신들을 둘러싸고 있는 환경에 눈길을 두며 살펴보게 된다. 캠프 진행팀과 참가자 팀 간에 우의를 다지는 즐거운 친교 시간이 기다리고 있기 때문이기도 하다.

진행자 팀과 인솔자 팀 간에 인사를 나누고 하루 활동 평가를 곁들인 뒤풀이가 진행된다. 그렇게 한참의 시간이 지나면 어둠은 더욱 짙어가고, 서해상 격렬비열도 쪽으로 드넓게 펼쳐진 허공에는 소금을 뿌려놓은 듯 알알이 박힌 은하수가 선연하게 빛난다. 이렇게 광막한 천체가 드러내는 풍경을 올려다보는 순간, 약속이라도 한 듯 모두 침묵에 잠긴다.

얼마간 흐르던 침묵을 깨고 한 인솔 교사가 잠든 아이들을 깨워 함께 올려다보게 하자고 제안한다. 아이들이 사는 도시에서는 저렇게 많은 별을 볼 수 없다며 잊지 못할 경험일 거라고 말한다. 곁에 있는 다른 이가 그를 만류한다. 지금 곤히 잠든 아이들은 오늘 밤 저 별 무리 가운데에서 헤엄치고 있을 거라고, 혼곤한 상태에서 일어나 눈 비비며 올려다보는 별은 그다지 아름답게 느껴지지 않을지도 모른다고도 덧붙였다. 우리는 아이들을 깨우지 않기로 했다. 내일 아침 눈뜬 아이들에게서 저 은하수 같은 별들이 반짝거릴 거라는 말을 주고받으면서.

♣ 소금 공부

첫째 날 오후에는 염전을 견학하는 활동이 펼쳐졌다. 우리가 생명을 유지하는 데 필수적인 물질인 소금도 농사처럼 사람의 수고와 정성으로 만들어진다는 사실과, 만들어지는 과정을 이해하는 활동이었다. 또한 건강에 해로운 화학 소금을 될 수 있으면 먹지 말고 자연에서 만든 소금을 먹자는 내용으로 이루어져 있었다.

염전으로 가기 전 야외 나무 그늘 밑에서 간단하게 설명하는 시간이 있었다.

흥미도를 높이기 위해 염전에서 가져온 굵은 소금을 손바닥에 조금씩 나눠 주고 하나씩 집어 맛을 보게 한다. 입에 툭 털어 넣고 소금 맛을 보며 진행자에 대한 예의(?)를 갖추는 아이도 있다. 이내 짜다고 소리 지르며 퉤퉤 뱉어 내기도 한다. 짠맛을 충분히 느낀 아이들에게 건강한 소금 섭취에 대해 실마리를 풀어나간다.

"여러분, 집에서 엄마가 삼겹살 구워주죠?"
"네."
"저는 일주일에 세 번도 먹어요."
"맛있어요."
"여기서는 안 줘요?"
"아빠가 익은 거 빨리 먹어 짜증 나요."
"그런데 여러분, 구운 삼겹살 찍어 먹으라고 엄마가 접시에 소금을 담아 기름을 부어주죠?"
"네."
"맛있어요."
"야, 그냥 먹는 게 더 맛있어."

대답이 잦아든다 싶을 때 재빨리 끼어들어 그 소금은 건강에 안 좋은 물질이 섞인 화학 소금이라고 알려준다. 그때 앞에 앉아 있던 5학년쯤 돼 보이는 듬직하게 생긴 사내아이가 주위를 둘러보며 이렇게 소리치는 게 아닌가.
"야, 우리 엄마 혹시 계모 아냐?"

"왜 그렇게 생각하는데?"

뜬금없는 아이의 말에 나는 곧바로 되물었다.

"저 그 소금 굉장히 자주 먹는다고요!"

그 말에 다른 아이들은 어리둥절했고, 진행자와 인솔자들은 소리 내어 웃지 않을 수 없었다.

"그건 엄마가 몸에 나쁘다는 걸 몰라서 그래요. 몸에 나쁜 걸 알면 세상에서 가장 사랑하는 아들인데, 그렇게 자주 화학 소금을 먹으라고 하겠어요?"

일정이 끝나고 돌아가는 아이들에게 가지고 온 빈 통에 염전에서 가져온 소금을 꾹꾹 눌러 담아준다. 이번에 배운 내용을 집에 돌아가서 엄마에게 잘 설명해 보라고 일러주면서 눈길을 맞추기도 했다.

🍀 바다의 도깨비불 – 야광충

둘째 날에는 저녁을 먹은 뒤 손전등을 들고 밤바다에 들어가 체험하는 프로그램을 진행했다. 여름 서해는 날마다 밀물과 썰물 시간이 다르기에 하루도 같은 날이 없다. 썰물이 된 모래갯벌에 가면 대부분 밤에 활동하는 게들이 나와 여기저기 돌아다니지만, 밀물일 때는 생물을 관찰할 수가 없다. 아이들은 밤이나 낮이나 한결같이 움직이는 게를 보면 거의 본능적으로 반응하며 다가간다. 하지만 밀물일 때는 모래사장에 찰싹이는 물결밖에는 없다. 그런데 뜻밖의 신기한 장면이 펼쳐진다. 파도가 칠 때마다 푸른색과 노란색이 섞인 빛이 일어나는 것이다.

도깨비불이나 수만 마리 반딧불이가 날아다니며 빛을 뿌리는 장면과 흡사하다. 신기해서 소리를 지르는 아이들과 인솔자들을 진정시키고, 들고 있는 손전등을 모두 끄게 한다. 어두울수록 더 선명하게 보이기 때문이다. 한낮의 뜨거운 햇볕으로 수온이 올라가면 '야광충'이라 부르는 동물성 플랑크톤 무리가 급속하게 번성하며 이렇게 빛을 내뿜는다. 작아서 눈에 보이지 않는 이 생명체는 외부에서 물리력을 가하면 빛을 내는 습성이 있다. 바닷물을 손이나 발로 휘저으면 그 동작 모양대로 빛이 난다. 이제 아이들은 물론 어른들도 어두운 밀물에서 야광충이 내는 현란한 빛을 보기 위해 손을 휘젓거나 발로 물을 걷어차며 원시적 축제 같은 풍경으로 바뀐다. 순식간에 싱그러운 기운이 해변에 가득 차 일렁인다.

❈ '쟤'들과 우리는 어떤 관계인가?

갯벌생태캠프에서 아이들에게 자연생태의 원리와 가치를 설명하며 이 질문을 던지곤 했다. '갯벌에서 살아가는 생물들이 사라진다면 어떻게 우리는 어떻게 될까?'였다. 무려 2박 3일이나 3박 4일 동안 공부할 만큼 공부를 한 아이들의 입에서는 이런 자신감 넘치는 대답이 튀어나온다. "갯벌을 깨끗하게 청소하는 생물들이 사라지면 갯벌이 오염될 것이고 바다도 따라서 오염될 게 분명하다. 이렇게 된다면 결국 우리 역시 살 수 없게 될 것이다." 참으로 결론이 수월하게 도출되었다. 상황을 바꾸어 설정하고 질문하면 어떤 대답이 나올까 궁금해서 이렇게 물었다.

"그렇다면 우리가 사라진다면 저 갯벌에 사는 생물들은 어떻게 될까요?"였다. 이 질문에 아이들에게서는 쉽게 대답이 나오지 않았다. 나 또한 어떻게 설득력 있고 조리 있게 설명해야 할지 고민스러웠다. 갯벌 생물들은 자신의 생존을 유지하는 방식은 다른 생물에게 도움을 주고받는 상생의 관계이다. 또한 그들은 우리가 살아가는 데 없어서는 안 될 절대적 생명체들이다. 그러나 우리는 그들에게서 완전히 일방적으로 취하며 훼손하며 생존을 위협하고 있다. 그런 우리가 사라진다면 저 갯벌의 생물들은 어떻게 될지는 너무나 분명하다. 생각이 여기까지 미쳤으나 이후로 호기심에 눈망울을 빛내며 앉아 있는 아이들에게 이렇게 단정적이고 무서운 질문은 차마 꺼낼 수가 없었다.

예전 지역 환경교육 전문 기관에서 펼치는 성남 신구대학식물원 탐방 프로그램에 참여한 적이 있다. 여러 종류의 나무와 풀이 어우러져 자라는 숲을 돌아보고 나오는 길에 전시관에 들렀다가, 벽에 붙은 포스터 앞에 한동안 서 있었다. 그 포스터의 큰 제목은 "우리가 사라져 버리면 지구는 어떻게 될까?"였다. 그 큰 제목 밑에는 이런 내용의 글이 적혀 있었다.

"사람이 없어도 생명은 계속 번성하여 생태계의 숨결은 영원히 이어질 것입니다. 인류 이전에도 생명이 존재했듯이 인류가 멸망해도 생명은 살아남을 것입니다."

어린이 갯벌생태캠프를 진행하며 품었던 고민이 숲 생태를 보전하려는 이곳에서도 드러나고 있었기 때문이다. 이후 이 엄중한 화두 같은 난제를 붙들고 있다가 어느 분의 '가능성을 일구는 인간의 삶'이라는 문화해설을 듣고

소리 나는 곳에서

해답에 대한 실마리를 잡게 되었다.

유대인은 아기가 태어났을 때 이런 말을 건네며 축복한다고 한다.
"아이야, 네가 떠날 때, 네가 태어났을 때보다 세상이 더 아름답기를 바란다."
"가능성을 일구는 데서 인간의 삶은 의미가 있다"라고 강조한다. 오염되고 망가진 생태계를 고쳐나가며 우리도 갯벌 생물들도 함께 살아갈 수 있으려면, 호기심 가득한 아이들에게 생태적 감수성을 스미게 하는 일이 무엇보다 중요한 과제라고 다시금 여기게 되었다.

머지않아 아이들과 갯벌에서 다시 만날 것이다. 나는 아이들에게 간절히 부탁하는 마음을 품고, 고민의 각도를 살짝 바꿔 이렇게 질문하고 싶다.

"우리도 사라지지 않고 저 갯벌의 생물들도 사라지지 않게 하려면, 우리들은 무엇을 할 수 있을까요?"
여러 대답이 쏟아져 나올 것이다. 그 가운데 "바닷물을 막은 둑을 허물어 다시 바다로 되돌려놓는 일이요!"라고 대답하는 아이가 있다면, 나는 사라진 풍요롭던 내 고향 바다가 떠올라 마음이 울컥해질지도 모른다.

천수만 독수리
먹이 나누기

♣ 생명(生命) - 살아가라는 명령

우리가 들어가는 광활한 들판은 40년 전에는 날마다 물결이 드나들며 휘돌아 가는 역동적인 바다였다. 지금도 우리는 이곳을 천수만이라 부른다. 먹이를 갖다주러 가는 길은 지난밤 눈이 푸짐하게 내려 쌓여 분간하기 어려울 정도다. 저 멀리 백색의 풍경 안에 검은 독수리들이 점점이 박혀 서성거리고 있다. 먹이가 배달되기를 기다리고 있다. 우리는 매주 화요일과 금요일에 독수리들에게 먹이를 갖다준다. 멀리서 보니 검은 망토를 둘러쓰고 서성이고 있는 사람들 같다.

독수리들은 크고 둔해서 살아 있는 것은 사냥할 수 없다. 생을 마감한 사체를 먹이로 삼으며 청소하는 역할을 담당하고 있다. 겨울의 냉기를 견디는 것도 힘들지만, 사는 것도 힘겹지만, 동물의 사체를 찾는 일은 더 힘들어졌다. 독수리들의 먹이가 되는 동물들의 서식공간이 빠르게 사라지며 생태계의 균형이 깨졌기 때문이다. 자연생태계에 인간이 개입해서 조정하는 역할을 해야 하는 당위성이 성립되는 지점이다. 저 덩치 큰 녀석들이 먹이로 삼을 수 있는 죽은 동물은 태부족이다. 생태계가 건강하고 풍성하면 독수리들이 먹이로 삼는 생명체의 죽음도 그만큼 많아진다는 역설이 성립된다.

우리 지역 환경운동을 하는 단체에서 실무자로 일하고 있는 나는 2023년 11월부터 지금까지 몽골초원에서 천수만으로 날아온 독수리들에게 먹이를 제공하는 활동에 참여하고 있다. 한동안은 자연생태 보전을 위한 환경운동의 한 과제로 이해하며 의무적으로 참여하고 있었다. 그런데 어느 날, 이 활동을 주도하고 있는 동물병원을 운영하는 분이 들려주는 이야기를 듣고 내 생각은 전향적으로 바뀌게 되었다.

동물병원으로 탈진한 독수리가 있다는 신고가 종종 들어온다고 한다. 현장에 가서 살펴보면 농약이 섞인 먹이를 먹고 죽은 사체를 먹어 중독 상태이거나 먹이를 구하지 못하고 굶어 탈진해 있는 경우가 대부분이다. 굵은 깃털로 빽빽하게 덮여 있는 독수리는 외관상으로 식별하기 어려워 주저앉은 독수리의 뒤로 가서 껴안아 보면, 오랫동안 먹지 못해 탈진한 녀석은 두툼한 가슴살이 바싹 말라 있다고 한다. 그 말을 들려주는 동물병원 원장님의 목소리는 사뭇 떨리고 있었다. 이 가혹한 계절에도 생명을 유지하기 위해 먹어야만 하는 온혈동물의 숙명적 생에 대한 연민일 것이다. 얼마나 굶주렸으면 하늘을 나는 제왕이라는 별칭을 얻은 독수리가 벌판 어딘가에서 날개를 펼칠 힘도 없이 기신기신 죽어가고 있는 것일까. 이 말을 들으며 그분의 감정이 전류가 흐르듯 내 마음에 강렬하게 파고들었다. 그래, '모든 죽어가는 것을 사랑해야' 하는 것은, 환경생태운동의 고갱이가 아닐까 하는 생각도 들었다.

정육점 몇 군데에서 수거해 온 육류 덩어리를 길에 늘어놓는다. 누구의 희생이 다른 존재의 생명을 이어가게 하는 생태계의 천리(天理)가 증명되는 공간이기도 하다. 내 아는 어떤 이는, 생명(生命)이란 '살아가라고 명령을 받았다'는 뜻이라 풀이하기도 한다. 천수만 너른 들녘 공간에는 독수리를 비롯 황새, 흑두루미, 기러기, 오리, 말똥가리, 너구리, 삵 등 온갖 종류의 생명체들로 넘실거린다. 저들은 쌓인 눈을 헤치고 냉기를 견디며 먹을거리를 찾으며 살아가라는 명령을 따르려고 애쓸 것이다. 새봄의 기운이 다가와 둥실 이 공간을 떠날 때까지 힘겹고 눈물겨운 한 계절을 살아낼 것이다.

♣ 좋은 열매는 어떻게 맺어지는가?

오전 10시쯤이다. 천수만에 들어서니, 숫돌에 갈아내 번들거리는 낫날 같은 바람이 휘몰아친다. 독수리들에게 먹이를 주는 날이다. 지난주에 왔을 때처럼 수천 마리 기러기가 허공을 수놓으며 물고 있던 북쪽의 소식을 왁자지껄 땅으로 떨어뜨린다. 담수호로 물을 마시러 가는 행렬이라고 한다. 우리는 잠시 압도적인 광경에 넋을 놓고 올려다본다. 저 수많은 생명체가 이 공간에서 겨울을 나려면 먹을 것이 충분해야 할 텐데, 하는 염려가 든다.

독수리들은 이제 우리가 오는 날을 알고 기다리고 있다. 몽골의 초원 지역에서 살다 극심한 추위 가운데 생존력이 떨어지는 늙은 개체나 어린 개체들이 남하한다는 것이다. 이 말에 따른다면, 저 독수리 무리에는 늙은이와 어린것이 공존하고 있을 것이다. 쌍안경으로 요리조리 살펴봐도 내 안목으로는 개체의 나이 층하를 분간할 수 없다. 독수리 무리 가운데 까마귀들이 섞여서 놀고 있다. 저 독수리들은 크고 둔해서 사냥할 능력이 없다. 허공에서 활동하는 고혹적인 검은 군무를 올려다보며 우리는 탄성을 지르지만 사실은 먹이를 찾기 위한 우직한 독수리의 고된 노동일 것이다.

"어허, 많다. 오늘은 맘이 좀 놓이네, 그려."
활동의 좌장 격인 동물병원 원장님은 흐뭇한 기색을 숨기지 않는다. 오늘 정육점을 돌며 수거해 온 육류가 300킬로가 넘는 상당한 양이다. 독수리 한 마리가 먹는 양은 2킬로나 된다고 한다. 이렇게 힘겨운 날, 벌판에 앉아 우리를 기다리고 있는 독수리들에게 먹이를 넉넉하게 주게 된 데 대한 안도감이기도 하다. 한시라도 빨리 먹을 수 있게 고기와 내장 등속이 담긴 비닐봉지와 자루를 차에서 끄집어 내린다.

"이야, 이건 지금 김치찌개 해 먹어도 좋것다!"
오늘 아침 어느 정육점에서 수거한 싱싱한 고기 조각들을 길에 늘어놓으며 원장님은 독수리들이 들으라는 듯이 에둘러 공치사한다. 아닌 게 아니라 한 움큼 가져다 보글보글 끓는 김치찌개에 넣으면 그만이겠다 싶다. 차에 실린 정육 부산물을 길에 가지런히 늘어놓고 멀찌감치 물러나 살핀다. 우리가 물러나면 즉시 다가와 먹을 줄 알았는데, 그 자리에서 마냥 서 있다. 아니나 다를까, 역시 까마귀다. 독수리 틈에서 빠져나와 늘어놓은 고기를 기미상궁처럼 맛보기에 여념이 없다. 게다가 까치까지 몇 마리 날아와 꼬리를 위아래로 까닥까닥 흔들며 성찬을 즐긴다.

"워째 쟤들은 언능 와서 꿀떡꿀떡 안 먹는댜. 까마귀한티 막 밀리네."
"진짜 쟤들은 우직하고 신중하네유."
"맞어, 신중하고 인내심이 대단혀. 저 억센 발로 한번 까마귀 녀석들 뼁허구 한번 차버리면 될 텐디, 그것참."
"독수리 덕분에 천수만 까마귀들 진수성찬으로 겨울을 나네유."

우리가 보고 있는 독수리는 까마귀보다 열다섯 배 정도는 큰 몸집이다. 작년 굶어 죽은 생명체가 한 마리도 없다는 것이 우리의 자부심이다. 한참 지나니 이리저리 잽싸게 움직이며 고기를 쪼던 까마귀들이 거의 사라졌다. 녀석들은 그 자리보다 더 안전한 곳으로 한 점씩 물고 날아가는 습성이 있기 때문이다. 그래봤자 표시도 안 나는 양이다. 독수리 무리 가운데 한 마리가 슬금슬금 둑 위로 오르더니 우르르 뒤따라 올라 억센 발로 붙들고 조선낫같이 생긴 부리로 뜯고 찢어먹는다. 사방에서 웅장한 날개를 펼친 독수리들이 활공하다 하나, 둘 서서히 지상으로 내려앉으며 무리의 부피가 점점 부풀어 오른다. 길게 늘어놓았는데도 특정한 곳에 많이 몰려 있는 이유는, 그곳에 식감 좋은 내장이 있기 때문이다. 얼마 있으려니 굵은 붓으로 먹물을 푹 찍어 하얀 종이에 가로획을 쭉 긋듯 벌판 사이로 난 길이 검은 색깔로 길게 뒤덮인다. 무려 220개체가 만들어 내는 경이로운 풍경이다.

200 ─── 민원아 꿩알 주우러 가자

정육점 몇 군데에서
수거해 온 육류 덩어리를
길에 늘어놓는다.
누구의 희생이 다른 존재의 생명을
이어가게 하는 생태계의 천리(天理)가
증명되는 공간이기도 하다.

"원장님, 새들두 포만감을 느끼나유?"

"아녀, 맹금류 말고는 과식허질 않어."

자주 날아다니며 사는 새는 많이 먹지 않는다고 한다. 그런데 맹금류는 최대한 먹을 수 있는 만큼 먹고 나서 근처 적당한 곳에서 소화 시키며 몇 날 며칠을 날지 않는단다.

독수리들이 헌걸차게 고기를 찢어 삼키는 모습을 한동안 살피다 돌아오는 길이었다. 20년 가까이 이곳을 드나들며 철새들의 동향을 보살피는 동물병원장님이 들려준 말이 오랫동안 마음속에 맴돌고 있다.

"어떤 공간을 사랑해서 움직이는 사람이 있는가 하면, 의무로 움직이는 사람이 있더구먼. 각각 바라보는 곳도 다르고, 신경 쓰는 것도 다르더라구. 나중에는 맺히는 열매가 전혀 달라지데 그려."

글을 맺으며

호연이에게

고등학생이 되어 무척 바빠졌다는 소식을 얼마 전 아빠에게 들었다. 어느새 이렇게 시간이 흘렀구나.

안면도 어느 바닷가에서 고향 친구 가족 친목 모임 때 우리 만난 거 기억나니? 네가 초등학교 3학년 때였을 거야. 이른 아침 안개가 어스름하게 낀 바닷가를 걸으며 내가 들려준 이야기를 기억하는지 모르겠다. 차분히 해주고 싶은 말이 더 있었는데, 돌아갈 준비 하라고 엄마가 부르는 바람에 들려주지 못했어. 늦기 전에 못다 한 말을 해주고 싶어 이렇게 편지를 쓴다.

시골 할머니 댁에서 보면 끝이 안 보일 정도로 넓은 들판이 있지? 그 너른 들판이 40년 전 물길을 막아 간척하기 전까지 바다였어. 네 아빠와 내가 어릴 적에 거기서 어울려 놀았지. 그곳 바다를 적돌만(積乭灣)이라고 불렀단다.

갯벌에 크고 작은 돌이 많이 널려있어서 그렇게 불렀나 봐. 이 적돌만 가운데에 '거문여'라고 부르는 시커먼 색깔의 작은 돌섬이 선명하게 자리 잡고 있었어. 밀물이 백사장까지 들어차 넘실거리며 수위가 높아졌는데, 그 돌섬은 항상 절반 정도가 드러나 있었어. 마치 물에 떠 있는 것처럼 보였어. 어린 시절 우리는 그 돌섬이 실제로 물에 떠 있다고 믿었단다. 게다가 어떤 스님을 사랑하던 여인이 커다란 돌로 변해 바다 가운데 떨어져 스님이 지은 절을 바라보며 지키고 있다는 애틋한 전설까지 있으니, 자연스럽게 믿게 되었지. 그래서 우리 동네 이름도 '돌이 떠 있는 동네'라는 뜻인 부석면(浮石面)이란다.

예전에는 고운 모래가 두껍게 쌓인 백사장이 오른쪽 옆 마을을 휘돌아 우리 마을을 지나며 왼쪽에 있는 마을까지 아우르며 끝없이 펼쳐져 있었어. 너의 시골 할머니 집에서 오 분 정도만 걸어가면 그 백사장에 도착할 수 있었어. 조용하고 아름다운 곳이었지. 옆 마을과 달리 우리 동네는 농사가 주업이라서 백사장은 어린 동네 아이들의 놀이터였어. 한없이 자유로웠고 즐거웠단다. 밀물이 되면, 조용하던 백사장은 순식간에 활기가 넘치는 곳으로 변했단다. 물놀이하러 몰려나온 동네 사내아이들의 내지르는 즐거운 소리 때문이야. 그 속에 네 아빠와 나는 당연히 들어 있었지. 그 당시 여자아이들은 바다에서 물놀이는 잘 하지 않았어. 수영복이 뭔지 모르던, 발가벗고 물속으로 뛰어 들어가던 시절이었으니까.

우리가 초등학교 3학년이나 4학년 때였던 것 같다. 어느 날부터 우리 동네 아이들이 너의 아빠 곁에 다가가 으쓱거리며 "거북아, 야, 거북아," 라고 부르며 놀리는 거야. 왜 동네 아이들이 네 아빠에게 갑자기 거북이라고 부르며 놀리는지 궁금해진 나는, 슬쩍 한 친구에게 물어봤어. 그랬더니 그 친구가 들려주는 전말(顚末)은 이랬어. 어느 날 네 아빠가, 모여 있는 아이들에게 백사장에서 거북이 알을 주워다가 삶아 먹었다고 자랑했다는 거야. 아마 아이들에게 관심 끌기 위해 장난을 쳤을 거야. 네 아빠의 말을 들은 아이들은 눈이 동그래지며 진짜냐고 물었는데, 네 아빠는 짐짓 진지하고 천연덕스럽게 고개를 크게 끄덕이며 틀림없다고 했다는 거야. 네 아빠 또래나 그보다 어린 아이라면 자칫 믿었을지도 몰라. 왜냐하면 네 아빠는 숫기가 좋은 데다 말솜씨가 제법이었거든. 우리들은 바다 가운데 있는 돌섬이 물에 떠 있다고 믿고 있었다고 했잖니. 우리 동네 백사장에서 본 적은 없지만, 여하튼 거북이는 백사장에 구덩이를 파고 알을 낳는다는 사실은 알고 있었어. 아이들이 흥미로워하며 믿으려고 하는 찰나, 그만 사달이 난 거야.

  네 아빠가 그렇게 솜씨 좋게 동네 아이들의 관심을 끌며 아이들의 마음에 믿음의 깃발을 꽂으려고 했지만, 그 가운데 우리보다 두 살 많은 형이 있다는 사실을 간과한 거야. 그 형은 생각이 조밀하고 행동이 진중했단다. 우리식 표현으로 '경우가 있는' 아이였어. 더 이상 말 안 해도 그다음부터의 상황은 짐작이 가지? 그 두 살 많은 데다 논리적이기까지 한 그 형의 지청구와 비아냥으로, 희귀하고도 부러운 일이 될 뻔한 네 아빠의 허풍은 피노키오보다 더 형편없는 짓으로 지목당했어. 덤으로 거북이라는 별명까지 얻게 됐단다. 그때부터 우리 동네 또래에서 네 아빠의 별명은 거북이요, 지금도 여전히 거북이라고 불리고 있단다.

✦ 마치 물에 떠 있는 것처럼 보였어. 어린 시절 우리는 그 돌섬이 실제로 물에 떠 있다고 믿었단다. 게다가 어떤 스님을 사랑하던 여인이 커다란 돌로 변해 바다 가운데 떨어져 스님이 지은 절을 바라보며 지키고 있다는 애틋한 전설까지 있으니, 자연스럽게 믿게 되었지.

어느덧 우리는 중학생이 되었어. 그런데 중학교 2학년 때 네 아빠가 서울로 전학을 가게 되었어. 머리 좋고 공부 잘해서 도시로 간다며 동네 사람들은 칭찬했어. 하지만 나는 자신에게 거북이라는 별명을 부르지 않는 곳으로 피신하는 거라고, 엉뚱한 상상을 하며 혼자 웃기도 했단다.

세월이 흘러 삼십 대 무렵이었을 거야. 언젠가 고향에서 네 아빠하고 만나 이런저런 이야기를 나누는 자리가 있었어. 그때 많이 주고받은 이야기는 국가권력과 대기업의 부당한 거래로 간척되어 사라진, 우리들의 고향 바다에 대한 것이었단다. 술도 한잔 마시면서 쓸쓸함과 안타까움, 솟아오르는 분노를 서로 확인했단다. 아빠 시골집 가려면 올라가야 하는 작은 고개 알지? 그 고개를 지금도 '당재'라고 불러. 천천히 걸어 오르는데, 네 아빠가 내게 들으라는 듯이 넌지시 이렇게 말하는 거야. "내게도 시인이나 작가라고 불리는 친구 한 명쯤 있으면 좋겠다"고. 그 말을 들으니 네 아빠가 국문학을 공부한 내게 그런 기대를 하고 있다는 걸 알게 되었어.

호연아,
망가지거나 사라진 자연에 대해 안타까워하며 회복을 꿈꾸는 사람들이 있어. 그들의 공통점은 아름다운 자연의 풍경을 경험한 이후 그 풍경이 아직도 마음속에 살아 있기 때문이라고 생각해. 새만금의 물길이 막힌 이후 물길이 돌아오게 하려고 수십 년째 활동하고 있는 어떤 이는, 자신이 그렇게 움직이는 이유를 "이곳에서 장엄하고 아름다운 풍경을 경험한 죄 때문"이라고 고백하기도 하더라. 내가 하고 싶은 말을 그가 대신해 주는 것 같아 마음이 뭉클 하더라.

 이렇게 전설로 변해가는 이야기를 글로 기록하는 일을 하는 사람도 있어야 한다고 생각한다. 우선, 간척되어 사라지기 전의 우리 고향 바다 이야기를 책에 담아보려고 해. 그렇게 한다면 몇몇 사람들은 나에게 작가라고 부를지도 몰라. 그렇다면 오래된 네 아빠의 부탁도 들어준 셈이 아니겠니?

 날이 갈수록 예전처럼 만나 이야기도 나누지 못하며 멀어지는 듯하구나. 이렇게 네게 편지를 쓰는 것은, 내 친한 고향 친구의 아들이라는 각별함과 너와 정답게 만나던 때의 감정이 오롯이 남아 있기 때문이야. 무엇보다 이 글이 너와 우리 세대가 이야기를 나눌 수 있는 이야깃거리가 되고, 정서가 소통하는 다리가 됐으면 하는 마음이 더 클지 몰라.

 늘 여유로워 보이는 특유의 웃음 유지하며, 건강하게 살아가길 기도한다.

내 고향 친구 거북이의 아들, 사랑하는 호연이에게.